AtV

ULRICH HÄUSSERMANN, geboren 1928, langjährige Tätigkeit in der Lehrerausbildung des Goethe-Instituts, zahlreiche Fachpublikationen und Lehrbücher zur deutschen Sprache und Literatur. Daneben Veröffentlichungen auf literaturgeschichtlichem und kunstwissenschaftlichem Gebiet. Im Aufbau-Verlag erschien 2000 der von ihm herausgegebene Band »Rainer Maria Rilke: Hundert Gedichte«.

Mozart und Prag: Eduard Mörike hat dieser Konstellation seine berühmte Novelle »Mozart auf der Reise nach Prag« gewidmet, und in der Tat erhebt Prag neben Salzburg und Wien mit Recht Anspruch auf den Titel »Mozartstadt«. Schließlich feierte Mozart hier einen seiner größten Erfolge: Nachdem »Figaros Hochzeit« 1786 beim Wiener Publikum durchgefallen, in Prag jedoch begeistert aufgenommen worden war, schrieb Mozart seine nächste Oper, den »Don Giovanni«, eigens für die Stadt an der Moldau. Ulrich Häussermann beleuchtet die kulturellen und politischen Voraussetzungen, die zu diesem Erfolg beitrugen: die böhmische Musikkultur, das Prager Ständetheater, die Freimaurerloge, der Mozart seit 1784 angehörte. Seine Erkundung führt dem Leser ein dichtes atmosphärisches Bild der »Goldenen Stadt«, die weltberühmte Künstler hervorgebracht hat und für ihre architektonische Schönheit gerühmt wird, im ausgehenden 18. Jahrhundert vor Augen – ein Spaziergang auf den Spuren Mozarts in Prag, angereichert mit vielen unterhaltsamen Episoden über das Enfant terrible der Opernmusik.

Ulrich Häussermann

Mit Mozart in Prag

Eine Erkundung

Aufbau Taschenbuch Verlag

Dank an Franz Beyer und Anneliese Beyer für viele wertvolle Stichworte. Wichtige Hilfen und Hinweise verdanke ich außerdem Albrecht Bergold, Marbach, Ulrich Spät, Prag, und Gerhard Trapp, München. Meine wichtigste Quelle aber für dieses Buch und überhaupt ist Gisela, meine Frau. Ihr gehört das Buch.

Mit 34 Abbildungen

ISBN 3-7466-8091-3

1. Auflage 2002

Umschlaggestaltung Torsten Lemme
unter Verwendung der Abbildung des Gemäldes von Albert Schmid
»Türme auf der Kleinen Seite der Karlsbrücke« von 1870,
PICTURE PRESS
Satz LVD GmbH, Berlin
Ebner & Spiegel, Ulm
Printed in Germany

www.aufbau-taschenbuch.de

Inhalt

Mozart und Prag

An keinem Ort ist Mozart so offen, so begeistert aufgenommen worden wie in Prag. Sein berühmtes *Meine Prager verstehen mich* enthält ja im stillen auch eine Abgrenzung gegen andere Orte. Hier begegnete er dem Publikum, das er wirklich suchte. Das Prager Glück überleuchtete die letzten fünf Jahre seines Lebens. Der Mozart, der 1787 das erstemal nach Prag kam, war nicht mehr der vom Glanz der frühen Genialität beschwingte Jugendliche. Das Heitere, Sprühende begleitete ihn zwar bis in sein letztes Jahr. Daneben, darunter gewannen aber die philosophischen, die »hintersinnigen« Züge seines Wesens immer mehr an Bedeutung. Der Prager Mozart war der kritisch sehende, fragende, mitunter an die Türen des Fremden, auch des Unfaßbaren und des Todes anklopfende Mann. Welcher Art war der Funke, der da übersprang, was für ein Magnetismus war hier am Werk?

Prag war und ist eine Stadt mit vielen Gesichtern, eine aufregende Stadt, die durch ihre Leuchtkraft und die ungewöhnliche Dimension ihrer Schönheiten bezwingt. Warum ist es zugleich ein Ort der großen Fragenden, Schutzlosen? Bestürzende Biographien wie die eines Franz Kafka, eines Rainer Maria Rilke, eines Franz Werfel, eines Johannes Kepler sind mit Prag verknüpft. Die siebenhundertjährige Märtyrertradition Prags beginnt mit dem Mönch Johann von Nepomuk, der wegen übergroßer Treue (er gab den Herrschenden sein Beichtgeheimnis nicht preis) den Tod in der Moldau fand. So ist Nepomuk zum Heiligen der Brücken geworden. Sie führt weiter zum Bibelübersetzer Jan Hus, der die Ethik der Armen predigte und schließlich der kirchlichen »Feuertaufe« übergeben wurde, wie Rilke die Hinrichtung des Reformators nannte.[1] Die unheimliche Tradition endet – so bleibt uns zu hoffen – mit der Gestalt, die symbolisch für den »Prager Frühling« steht: Jan Palach, der sich zum Zeichen seines flammenden Protests auf dem Wenzelsplatz verbrannte. Brückengestalten sie alle, Wächter tödlich gefährdeter Brücken.

Das Bild der vielen Prager Brücken mag die Geste des Fragens und Suchens widerspiegeln – jede Brücke ein Abenteuer, jede ein neues Wagnis. Die Mitte dieser Stadt der Brücken ist wiederum eine Brücke und der Gang über sie, die durch dreißig Skulpturen dramatisch überhöhte Karlsbrücke, für jeden Pragbesucher der beherrschende Eindruck. Und das ganze Prag selbst ist nochmals eine einzige unvergleichliche Brücke – zwischen den Kulturen, zwischen den Sprachen, zwischen den Räumen und Zeiten.

»Böhmen liegt am Meer«, das wissen wir seit Ingeborg Bachmann.[2] Die Nachbarschaft des ganz anderen, die tägliche Realität des Fremden hinterläßt ihre Spuren in der böhmischen Mentalität. Was im Künstlerischen das Experiment, im Denken das Ketzerische, ist im Lebensgefühl das Umgetriebensein, das Vagantentum.

Wenn es zwischen den Pragern und Mozart zu einer echten,

Karlsbrücke, Blick moldauabwärts.
Kupferstich nach J. A. Scotti de Cassano, 1781

nachhaltigen Sympathie kommt, so ist das nicht mit dem einen oder anderen Zufall zu erklären. (Freilich gab es Zufälle, die sie kräftig begünstigten.) Die wahre Beziehung liegt tiefer, sie ist ein ganzes Bündel von Linien, das die beiden verbindet, und es ist spannend, ihnen nachzugehen.

Gerade zwischen dem Prager »Brücken-Gefühl« und der Existenz Mozarts gibt es erstaunliche Entsprechungen. Seine Lebensform, immer alle Kraftreserven bis an den äußersten Rand auszuschöpfen, an keinem Ort Wurzeln zu schlagen, sondern im Zweifel stets die Veränderung zu wählen, sein rastloses, immer schöpferisches Suchen lebte vom Risiko des Grenzdaseins. So paradiesisch dem flüchtigen Mozartkenner viele Konzertstücke in ihrer klassischen Geschlossenheit erscheinen mögen, das Leben, das dahinter steht, war nicht paradiesisch, und die Spannungen, das Kompromißlose seiner Visionen schlägt sich – je später, desto beunruhigender – in Mozarts Musik nieder und macht sie, so etwa Passagen aus den späten Klavierkonzerten, fremd, dunkel, spröde, »schwer zu fassen«, wie die Zeitgenossen kritisierten. Seine künstlerische Arbeit formte zunehmend total die Gesetze seines Handelns. Die Folge war, daß seine Fähigkeit, die gesellschaftliche Welt der Kaiserstadt Wien von seiner Botschaft, seinem Werk zu überzeugen, rapide abnahm.

Um so größer war die Genugtuung, als er, der immer klarere, auch einsamere Nonkonformist, in Prag auf spontane Zuneigung stieß. Er suchte hier ja nicht den lauten Erfolg, er hoffte, genauer verstanden zu werden. Wenn irgendwo, dann hier in Prag müßte es, so wünschte er sich, Menschen geben, die wach und differenziert hören. Hier, an diesem Drehpunkt des musikalischen, des musikantischen Lebens, mußte es eine geistige Heimat für seine Musik geben – wobei er wußte, daß so etwas immer nur für Augenblicke möglich ist.

Mozart. Eine Silhouette

Nomadisches Leben

Von den 35 Jahren seines Lebens verbrachte Mozart zehn Jahre unterwegs. Nicht als »fahrender Künstler« oder Gaukler freilich, aber doch fahrend im Sinn von gefährdet. Nicht nur die Kindheit, vom sechsten Lebensjahr an, ist durch lange europaweite Reisen geprägt; auch nach der Trennung vom Elternhaus setzt sich das nomadische Leben für Mozart fast im gleichen Stil fort. In Wien wechselte er innerhalb von zehn Jahren elfmal die Wohnung. Wohnen, so scheint es, ist für Mozart nicht viel mehr als Zwischenspiel, Vorbereitung auf die nächste Veränderung, die verschiedenen Wohnungen – Kulisse, leicht austauschbarer Bühnenraum des Lebens.

»Schlage keinen Nagel in die Wand/Wirf den Rock über den Stuhl! Warum vorsorgen für vier Tage?« – die Exil-Stimmung, wie Brecht sie umschreibt,[3] dürfte Mozart ziemlich ähnlich empfunden haben. In Eduard Mörikes nachdenklicher Deutung liest sich das so: »... daß dieser Mann sich schnell und unaufhaltsam in seiner eigenen Gluth verzehre, daß er nur eine flüchtige Erscheinung auf der Erde seyn könne«.[4] Nüchterner formuliert es Mozart selbst, wenn er über seine Geburtsstadt sagt, *daß mir an salzburg sehr wenig und am erzb*[ischof] *gar nichts gelegen ist, und ich auf beydes scheisse* (8. 11. 1780). Wien gefiel ihm zwar, aber er betont auch, *die H*[erren] *Wienner \:worunter aber haubtsächlich der kayser verstanden ist :\sollen nur nicht glauben daß ich wegen Wienn allein auf der Welt seye* (17. 3. 1781).[5]

Orte sind Zwischenstationen. Der Gedanke, daß er über kurz oder lang von Mitteleuropa auswandern werde, hat ihn wohl nie ganz verlassen. Mozart hat nie aufgehört, ein leidenschaftlich Fragender zu sein, der auch jederzeit in der Lage war, die Welt für Momente auf den Kopf zu stellen, der immer neu die Distanz zu allem Starren und den Raum für neue Visionen herstellte. Sein Attribut ist nicht der Fels, sondern der Strom, nicht die Festung, sondern die Brücke.

Ein Beispiel für Mozarts Verhältnis zum Sicheren, Gewohnten sind seine Briefe. Die Sprache, in der normalerweise doch alles so schön aufgeräumt ist – aus überlegener Distanz dehnt, biegt, verdreht er sie, schlägt mit ihr Purzelbäume, um sie stets funkelnd neu zu inszenieren. Die konventionelle Logik der Sprache ist für ihn nur ein Anlaß, sie in immer neuen phantastischen Überspielungen in Frage zu stellen. Während sich der musikalische Ausdruck des immer jugendlich verschwenderischen geistigen Übermuts kunstgerecht innerhalb der Formgesetze bewegt (seine »Wunder und Teufeleien wahren ihre 16 oder 32 Takte«, merkt Busoni an[6]), jongliert er mit der Sprache sorglos wie ein Kind und schüttelt, verkreuzt, quirlt sie bis an die Grenze, wo sie sich selbst aufhebt.

Person und Instrument

Auf den Namen Joannes Chrysostomus Wolfgangus Theophilus wurde er getauft, der Name Theophilus läßt sich auch in Amadeus übersetzen – Mozart selbst nannte sich *Wolfgango Amadeo,* später *Wolfgang Amadé.* Aber: Namen gehörten für ihn zu den Fächern, in die man sich nicht einfach schieben läßt; ausgerechnet bei seiner Trauung gab er seinen Namen mit *Wolfgang Adam* an, und auch wenn er sich *Romatz* oder *Trazom* nannte, blieb er derselbe. Wer übrigens Amadeus als »gottgeliebt« verklären möchte, sollte dem Wort etwas nachgehen. Es bedeutet Gottesfreund, wie das griechische Original Theophilos, bezeichnet also beide Richtungsmöglichkeiten von Liebe, was einem Dialektiker wie Mozart kaum entgangen sein dürfte.

Mozart war ein Winterkind – geboren am 27. Januar 1756. Sein Vater Leopold Mozart, Musiker am Salzburger Hof, begriff und förderte früh die Musikalität des Kindes. Bereits der Fünfjährige komponierte ein geistreiches Andante C-Dur; in diesem Alter betrat er auch, als Tänzer, zum erstenmal die Bühne: Von Anfang an waren Mozarts Musik- und Theaterbegabung gleichermaßen erstaunlich. Im Winter 1762 begann die Reihe der schier endlosen Konzertreisen, auf denen das Wunderkind der gebildeten Welt vorgeführt wurde; allein die Tournee nach Frankreich und England währte 42 Monate. Der erste glanzvolle Theatererfolg war 1781 die Uraufführung der Oper *Idomeneo* im Münchner Residenztheater, bei der er Regie führte und das Cembalo spielte.

Mozart war 25 Jahre alt, als er sich endlich doppelt befreien konnte: von der Bindung an den Vater und jener an die Kirche in Gestalt des ungeliebten Salzburger Bischofs, seines Brotherrn. Er ging von Salzburg in das politisch offenere, modernere Wien. Erster stolzer Schritt ins eigenständige Leben war 1782 die Eheschließung mit Constanze Weber. Der zweite: das vorsichtige Anknüpfen einer persönlichen Verbindung zum Kaiser. Diese – immer wieder durch Irritationen belastete – Beziehung stellte überhaupt erst Mozarts Existenzgrundlage her (so dünn und brüchig diese auch war). In den zehn Wiener Jahren bis zu seinem Tod schuf Mozart seine Hauptwerke, vor allem die großen Opern, von der *Entführung aus dem Serail* (1782) bis zur *Zauberflöte* (1791).

Über Mozarts Auftreten und Erscheinung informiert uns besonders anschaulich einer seiner wichtigsten Biographen, der mit Mozart und seiner Familie befreundete Prager Professor Franz Xaver Niemetschek: »Die Körperbildung dieses außerordentlichen Menschen hatte nichts Auszeichnendes; er war klein, sein Angesicht angenehm, aber, wenn man das große, feurige Auge ausnimmt, kündigte es die Größe seines Genies auf den ersten Anblick nicht an.

Der Blick schien unstet und zerstreut, außer wenn er bey dem Klavier saß; da änderte sich sein ganzes Antlitz! Ernst und versammelt ruhte dann sein Auge; auf jeder Muskelbewegung drückte sich die Empfindung aus, welche er durch sein Spiel vortrug und in dem Zuhörer so mächtig wieder zu erwecken vermochte. Er hatte kleine schöne Hände; bey dem Klavierspielen wußte er sie so sanft und natürlich an der Klaviatur zu bewegen, daß sich das Auge daran nicht minder, als das Ohr an den Tönen ergötzen mußte.«[7]

Mozart. Silberstiftzeichnung von Doris Stock, 1789

Mozart – ein sehr bemerkenswerter Charakterzug – litt nicht an Selbstüberschätzung, aber auch nicht an falscher Bescheidenheit, er hat sich, in scherzhafter oder ironischer Form, durchaus zu seinem Licht bekannt: *Mozart magnus, corpore parvus* unterschreibt er einen seiner Briefe (2. 10. 1782) – der große Mozart, kleinen Körpers. Aus dem Umkreis seiner Schwester gibt es die Bemerkung: »Wolfgang war klein, hager, bleich von Farbe«. Und die entscheidende Note fügen die Worte hinzu: »und ganz leer von aller Prätenzion in der Physiognomie und Körper«.[8] Das Unprätentiöse, wie Mühelose zeichnet beide aus, Person und Werk. Giorgio Strehler über Mozarts Musik: Sie ist »scheinbar das Natürlichste von der Welt [...], das alle machen können, weil es für alle gemacht ist«, sie ist »das Schwierige, das so einfach ist, oder das Einfache, das so schwierig zu verwirklichen ist«.[9]

Betrachten wir die überlieferten Mozart-Porträts, so erkennen wir eine Übereinstimmung von Erscheinung und Musik – sie liegt im Unscheinbaren, Unauffälligen, unbedingt Klaren. Als differenzierteste Darstellung kann die späte, 1789 in Dresden entstandene Silberstiftzeichnung von Doris Stock gelten. Ein Bild, das sehr viel von der Ausstrahlung und geistigen Tiefe des Autors vermittelt, auch von der Reife (weiße Haarsträhnen sind im Schläfenbereich sichtbar) und dem unbestechlichen Ernst. Ein hellwaches Gesicht, keine gefälligen, aber sehr bewegte Linien. Mit den auffallend großen Augen und der Kerbe an der Nasenwurzel verbindet man den Eindruck von Konzentration. Die Gesamtausstrahlung vermittelt nichts von Glätte oder Anpassung – ein sperriger Kopf, den Blick ins Weite geöffnet.

Mozart am Instrument: Verkörperung der Konzentration. Die Empfindung ist mit der Sache, mit den Tönen identisch, geht in die Töne über. »Es ist von vielen Zeitgenossen verbürgt, daß er ohne Allüren spielte, ohne Dehnungen des Rhythmus, ohne übertriebene Rubati, ohne dynamische Extravaganzen, er habe ruhig gesessen, den Körper kaum bewegt.« In einer eingehenderen Darstellung lesen wir: »Jede Bewegung seiner Muskeln gab die Empfindungen weiter, die sein Spiel ausdrückte.«[10] Was die Porträts erzählen, finden wir auch hier: das Unprätentiöse, Selbstverständliche. Die Empfindung fließt zwischen Mensch und Instrument direkt, über »die Muskeln«, keine eigen-bezogenen Gewichte schieben sich dazwischen. So läßt sich vielleicht etwas von dem Schwebenden dieser Musik erklären. Wie seine Musik, so war – alle zeitgenössischen Berichte stimmen darin überein – auch sein Spiel nie forciert, nie forciert groß, nie forciert neu. Vollendung im Sinn Mozarts ist Sparsamkeit der Mittel, Durchsichtigkeit, die maßvolle, die »menschliche« Form.

»Sein Gehör war so fein, faßte die Verschiedenheit der Töne so gewiß und richtig auf, daß er den geringsten Fehler oder

Mißton selbst bey dem stärksten Orchester bemerkte, und dasjenige Subjekt oder Instrument, welches ihn begieng genau anzugeben wußte [...] Sein Spiel auf dem Pianoforte fand zuerst Bewunderer und Liebhaber; denn obschon Wien mehrere große Meister dieses Instrumentes, des Lieblinges des Publikums zählte, so kam doch keiner unserm Mozart gleich. Eine bewundernswürdige Geschwindigkeit, die man besonders in Rücksicht der linken Hand oder des Basses einzig nennen konnte, Feinheit und Delikatesse, der schönste, redendste Ausdruck und ein Gefühl, das unwiderstehlich zum Herzen drang, sind die Vorzüge seines Spieles gewesen, die gepaart mit seiner Gedankenfülle, mit der tiefen Kenntniß der Komposition natürlich jeden Hörer hinreißen, und Mozarten zu dem größten Klavierspieler seiner Zeit erheben mußten.«[11]

Gegen alles Unwahre ist Mozart allergisch. Über den Text einer Ode (die zu vertonen er rasch die Lust verliert) urteilt er: *Die ode ist erhaben, schön, alles, was sie wollen – allein – zu übertrieben schwülstig für meine feinen Ohren – aber was wollen sie – das mittelding das wahre in allen sachen kennt und schätzt man itzt nimmer.* Die Briefstelle gibt einen Blick frei auf ein Gewissen, eine unbestechliche Kenntnis des *wahren in allen sachen* (28. 12. 1782).

Wer die Berichte ungefiltert auf sich wirken läßt, könnte auf die Idee kommen, daß Person und Instrument hier zusammenfallen, für einen Moment oder eine Zeitspanne. Sie sind ein und dasselbe geworden.

Eine Kongruenz, die bei manchem Zuhörer den Argwohn auslösen konnte, es handle sich um eine quasi magische Handlung. Von Leuten, die auf diesen Verdacht verfielen, erzählt die folgende kleine Geschichte – sollte sie eine Legende sein, so beschreibt sie doch recht genau die Erfahrung eines solchen Augenblicks. »Sie hielten ihn für einen Zauberer: der war nun Mozart freylich: aber die magische Kraft lag nicht in seinem Ringe, wie man in Neapel wähnte; denn als er ihn auf Verlangen der Zuhörer weglegte, war sein Spiel nicht weniger bezaubernd, als zu vor. Man denke sich nun das Erstaunen und die Bewunderung.«[12]

Ein sperriger Kopf

Mozart hat – je später, desto konsequenter – einen unpopulären, viel zu intelligenten, für die Breite des zeitgenössischen Publikums zu ernsthaften Kompositionsstil verfolgt. Die ganz neuartig der theatralischen Handlung verpflichtete musikalische Formung der dramatischen Personen führt dazu, daß sich diese aus ihrem flachen Bühnendasein emanzipieren und zu leibhaftigen, modern widersprüchlichen, aufregenden Charakteren werden, deren Menschlichkeit den Zuschauer unmittelbar erreicht. Nahezu jedes auch nur in die Nähe von Gefühlsnebel, Einhüllung, Suggestion gelangende Musik- oder Bühnengeschehen wird jeweils durch eine heiter oder ironisch erwidernde Gegenbewegung sofort in Frage gestellt oder auch aufgehoben. Zeitgenossen, besonders die Wiener, bemerkten und beklagten das Anstrengende, den ungewöhnlichen Gedankenreichtum, das »Beunruhigende« dieser Musik.[13]

Bei der Beschreibung des Wiener Kunstgeschmacks der Mozart-Zeit tut der Begriff »kommod« gute Dienste. Gewinner in der Gunst des Wiener Publikum waren die Schöpfer gefälliger Stücke, wie Carl Ditters von Dittersdorf (1786 »Doktor und Apotheker«, 1787 »Die Liebe im Narrenhause«), die Mozarts Arbeiten weit in den Hintergrund drängten. Solche Nachbarschaft hat Mozart darin bestärkt, seine neuen sperrigen Entwürfe nur um so entschiedener zu realisieren.

Mozarts späte Stücke enden so, wie es einer intelligent in Frage gestellten Wirklichkeit entspricht: offen. Einfache Lösungen gibt es nicht. Statt eines befriedigenden Schlusses öffnen sich Fragen nach dem Warum und Wohin, die dem verunsicherten Zuschauer nachgehen. Der Vorhang schließt sich, aber das Stück spielt und arbeitet in ihm weiter. Die ganz andere Dimension der musikalischen und dramatischen Vorgänge hat den Zuschauer dem Kreis des Gewohnten entrückt. Eine neue intellektuelle Freiheit hat ihn berührt. Die angeschnittenen Bilder und Zweifel werden ihn nicht so bald in Ruhe lassen.

Hinter all diesen unpopulären, spröden Zügen im Werk des

späteren Mozart steckt: Er war – auch – ein Denker, und ein Porträt Mozarts ist unvollständig, wenn dieser Aspekt fehlt.

Und Mozart hatte Glück mit der Gedankenwelt seiner Zeit. Die Begriffe, die sie für ihn bereit hielt, ließen sich in seine geistige Welt überraschend gut einfügen. Wenn in seinen Stücken, auch in seinen Briefen und in seinem persönlichen Verhalten Konturen des aufklärerischen Denkens durchscheinen – Fragestellungen der Aufklärung, Maximen der Aufklärung –, so nicht in erster Linie, weil Mozart sie von dort übernimmt, sondern weil er so denkt. Im geistigen Austausch zwischen ihm und den Aufklärern gibt es selbstverständlich ein Fließen, und in einzelnen Punkten ist er auch ein Nehmender.

Zunächst ist hier einem landläufigen Mißverständnis zu begegnen. Das Denken der Aufklärung gehorcht keineswegs kritiklos der blassen Ratio, dem mechanisch arbeitenden Verstand. Die Orientierung für das aufgeklärte Neudenken der Dinge, wie etwa Kant es zeigt, ist das urbildhafte Wissen, das wir in uns tragen (»natura archetypa«),[14] die speisende Quelle kann – nach Rousseau – auch die Anschauung sein, die Empfindung, die Stimme des Herzens. Das Anliegen ist letztlich immer die Befreiung des Individuums, der erste Schritt der Kampf gegen alles, was dumm macht: Vorurteil, Intoleranz, Aberglauben, Dogma, Zensur. Das zieht früher oder später die Intention nach sich, die Gesellschaft umzubilden und ein utopisches Denkmuster zu erproben, Aufklärung ist also in ihrer Substanz, mehr oder weniger vorsichtig, immer auch politisch.

Nur nicht kriechen, denn das kan ich nicht leiden (10. 12. 1777). Diese Position bezieht Mozart spätestens vom 21. Lebensjahr an und beginnt sich damit vom bürgerlichen Nutzdenken seines Vaters schrittweise zu distanzieren. *Das Herz adelt den Menschen; und wenn ich schon kein graf bin, so habe ich vielleicht mehr Ehre im leib als mancher graf* (20. 6. 1781): Mozarts Worte stellen klar, nach welchen Kriterien er nun urteilen, welchen Maßstab er anlegen wird. »Verstellung und Schmeicheley war seinem arglosen Herzen gleich fremd; jeder Zwang, den er seinem Geiste anthun mußte, unausstehlich. Freymüthig und offen in seinen Äußerungen und Antworten, beleidigte er nicht selten die Empfindlichkeit der Eigenliebe, und zog sich dadurch manchen Feind zu.«[15]

Wir wissen heute, daß Mozart, entgegen einem verbreiteten Vorurteil, ein auch literarisch gründlich aufgeklärter Kopf und mit den Diskussionsgegenständen seiner Zeit vertraut war.[16] Was sein Zeitgenosse Lichtenberg mit dem Wort faßt: »Wer nur von der Musik etwas versteht, versteht auch von dieser nichts«, war ihm durchaus deutlich. Unter Mozarts nachgelassenen Büchern stellen die rationalistisch engagierten Autoren wie Campe, Knigge, Mendelssohn, Wieland den Kernbestand dar. Nur zwei Bücher über Musik befinden sich darunter, die streitbaren Theaterstücke seiner Epoche von Molière bis Lessing waren ihm ohnehin sorgfältig bekannt. Aufgeklärtes Denken bedeutet für ihn die Freiheit, die er zum Atmen braucht. Er ist kein erklärter Ketzer wie Lessing oder Lichtenberg. Aber er steht der Kirche aus den verschiedensten Gründen zutiefst kritisch gegenüber, denkt ganz frei von Schablonen und kosmopolitisch.

Jedes seiner späteren Stücke kreist inhaltlich um Grundbegriffe der Aufklärung. Er macht die Milde zweimal zum Thema einer ganzen Oper: in der *Entführung aus dem Serail* und in *Titus*. Der Begriff Freiheit wird in *Don Giovanni* von immer neuen Seiten beleuchtet und zur Diskussion gestellt, damit verbunden ist die penetrante Aristokratiekritik, die wir schon aus *Figaro* (1786) kennen. *Die Zauberflöte* endlich entwirft eine Utopie der Menschlichkeit, einen möglichen Neubau der Welt im Geist der Aufklärung.

Theaterweisheit

Das Wort von der Theaterweisheit Mozarts geht auf Giorgio Strehler zurück: »Auch hier, im Bereich des Theaters, überwältigen mich immer wieder die ›Weisheit‹ und die Größe der Theaterbegabung Mozarts. Woher hatte er so viel ›Wissen‹ vom Theater? Niemals irrt er im musikalischen ›Verstehen‹ einer dramatischen Situation, niemals verfehlt er die Dynamik auch nur um ein Minimum. Dort, wo der Text zu simpel ist, gibt er ihm Fülle und Tiefe, dort, wo er stark und bedeutungsvoll ist, macht er ihn transparenter, klarer. Das ist bei ihm gleichsam ein natürlicher Vorgang, der sich mit höchster Prägnanz im Dramatischen wie im Musikalischen vollzieht.«[17]

Gehen wir den künstlerischen Quellen, aus denen sich diese Art von Weisheit speist, noch etwas nach. Gerade Mozarts Wirken in Prag, seine Botschaft an die Prager sind von seiner dramatischen Kunst entscheidend mitgeprägt.

Sein persönlichster Zugang zum Zwischenreich des Theaters ist zweifellos sein elementares Vergnügen am Vertauschen, Verwandeln, die Lust am Über-den-Haufen-Werfen, Aufbrechen und Entlarven. Dazu tritt der eigentliche dramatische Sinn: alles, was sich zuträgt, als Ereignis, als packendes Geschehen zu begreifen, in den Abläufen des Lebens Handlungslinien zu erblicken, auch die unauffälligsten Vorgänge als Entwicklungen mit theatralischer Dimension zu fassen. Der Genuß beim Lesen der Mozart-Briefe kommt auch daher, daß hier immer wieder aus einfachen Ereignissen fintenreiche Episoden, Geschichten, Worttänze werden.

Ein besonderes Feld der Überraschungen ist Mozarts vertrackte Art, Menschen zu sehen. Die überscharfe Lupe, der begierig, auch schonungslos jede komische Nuance ergreifende Blick sind die eine Seite. Die andere Seite ist, daß Mozart ohne Wertung sieht. Es gibt, wie sein Biograph Hermann Abert zeigt, »keine verstandesmäßigen Formeln«, nach denen er Menschen einordnet. Ein Mensch ist ihm »ein einmaliges, in dieser Mischung nie wiederkehrendes Spiel verschiedener Seelenkräfte [...] Er untersucht Menschen vor allem nicht auf Gut und Böse [...] Mozart ist ein schlagendes Beispiel dafür, daß man ein genialer Menschenbeobachter und dabei doch kein Menschenkenner im landläufigen Sinn sein kann.«[18]

Die verblüffende Theaterintelligenz hängt schließlich mit Mozarts »Denkstil« zusammen. Sein Denken ist das reine, nicht angelernte sondern naturnotwendige dialektische Denken. So wie sich auf seiner Bühne die stürmischen mit den idyllischen, die nachdenklichen mit den übermütigen Passagen in hinreißend raschem Wechsel ablösen, wie sich das Opernpersonal stets aus scharf gegensätzlichen, den Konflikt schon in sich tragenden Gestalten zusammensetzt, so geschieht in seiner Musik das ständige Kämpfen und Sichversöhnen der Gegensätze. Mozart ist »unerschöpflich in der Kunst, Gegensätzliches auf mannigfache Weise in Beziehung zu setzen, und erstaunlich ist seine Fähigkeit, alles im Gleichgewicht zu halten, in einer Balance, die den Ablauf der Gedanken jedesmal als den einzig sinnvollen erscheinen läßt«.[19]

Mozart und die böhmische Musikalität

Die umfassende musikalische Sympathie, die Mozart in Prag entgegenschlug, hatte vielfältige Gründe. Das erstaunliche Gelingen dieser Begegnung ist aber, daran gibt es keinen Zweifel, undenkbar ohne den Hintergrund der böhmischen Musikalität und Mozarts gründliche Beziehung zu ihr.

1896 reimt der zwanzigjährige, in Prag aufgewachsene Rilke:

> Mich rührt so sehr
> böhmischen Volkes Weise,
> schleicht sie ins Herz sich leise,
> macht sie es schwer.[20]

»Musikanten kommen in den Himmel«: das tschechische Sprichwort erzählt etwas von der Macht, die das Volk der Musik zuschreibt. Früh faßbar ist, was die »behemer fedeler«, die »flauteurs de Behaigne« von anderen europäischen Musikern unterscheidet: der schärfere Rhythmus, die ungewöhnliche, oft »ungeregelte«, oft wilde Sprache, häufig die Dunkelheit, fremde Schwermut und Gefühlstiefe, auch die Beweglichkeit und Kühnheit, das »Urmusikantische«, dessen magische Energien man ehrte oder auch fürchtete. Es ist in Böhmen, noch im 20. Jahrhundert, keine Seltenheit, wenn aus den Reihen der Straßenmusikanten Geiger und Bläser in ein akademisches Orchester eingeladen werden. »Gegen das Ende des vorigen Jahrhunderts blühte wohl von allen dem heiligen römischen Reiche einverleibten Ländern in keinem die Tonkunst so schön und wurde so sorgsam gepflegt als in Böhmen [...] In hundert Klöstern fand man ebenso viele Pflanzschulen der Musik; alle Großen hielten Kapellen in ihren Palästen [...] Das ganze Land schien musikalisch zu sein, und in jeder heitern Sommernacht verhallten in allen Straßen Serenaden und Notturnen« – so 1817 der Prager Kapellmeister und Operndirektor Carl Maria von Weber, direkter Cousin der Constanze Mozart.[21]

Die zwischen den Gesellschaftsschichten vagierenden, durch Europa wandernden böhmischen Berufsmusikanten sorgten frühzeitig dafür, daß das Wort böhmisch mit der Vorstellung Künstlermilieu verknüpft wurde und schließlich zusammenfiel. Boheme – das bedeutet vom Standpunkt des Bourgeois aus: chaotischer Lebensstil. Vom Standpunkt des Künstlers aus ist echte Boheme ein Leben im kompromißlosen Dienst für seine künstlerischen Überzeugungen.[22]

»Musikalisierung des Lebens«[23]: diese Formulierung kann die Pflege und Förderung der Musikkultur kennzeichnen, wie sie in Böhmen und Mähren seit dem Ausgang des Mittelalters systematisch aufgebaut wurde. Daß der Schulunterricht hier vor allem Musikunterricht war, daß es im 17. und 18. Jahrhundert »so viele tüchtige Instrumentalisten gab, unter denen der Adel und die Kirche nur auszusuchen brauchten«, ist gewürdigt und kritisiert worden, denn »solche Schullehrer unterrichten die Schüler eifriger in der Musik als im Lesen, Schreiben, Rechnen«, nämlich weil sie nicht für ihren Schulunterricht, wohl aber für ihre Musikpflege bezahlt wurden.[24]

Böhmische Berufsmusiker (Böhmen, das »Konservatorium Europas«, hieß das Stichwort) saßen in den erlauchten Ensembles von Paris bis Wien, Mozart kannte nicht wenige von ihnen. Briefe belegen die langjährige Freundschaft zwischen der Familie Mozart und dem als divino boemo gefeierten Komponisten Josef Mysliveček, den der 14jährige Mozart in Bologna kennen und verehren lernt.

Mozarts entscheidende Verbindung zum musikalischen Böhmen führt aber über Mannheim. Der Violinvirtuose, Dirigent und Komponist Johann Stamitz (1717–1757) aus Böhmisch-Brod (Havlíčkův Brod) hatte vor und um 1750 die Mannheimer »Schule« gegründet und ihr den für die Zeit revolutionären musikalischen Geist eingegeben. Die beiden Stamitz-Söhne und Mozarts treuer Freund Christian Cannabich haben die Tradition weiter und zur Vollendung geführt. Ein »Paradies der Tonkünstler« hat der Romancier und Philosoph Friedrich

Heinrich Jacobi Mannheim genannt.[25] Der Umbau des Klangkörpers – neue tragende Bedeutung der Bläser, Individualisierung der Streichinstrumente – und neue expressive Gestaltungsmittel wie das »Mannheimer Crescendo« geben dieser Musik eine bis dahin unerhörte moderne, nervösere Dynamik.

Seit 1777 orientiert sich Mozart am Mannheimer Stil; auf die Frage, in welcher musikalischen Welt er sich am ehesten zu Hause fühle, hätte er ohne Zweifel das Mannheimer musikalische Empfinden und Denken angegeben. (Daß die anfänglich stärker musikalische als persönliche Beziehung zwischen Wolfgang und Constanze Mozart letztlich auf Mannheim zurückgeht, wirft durchaus ein Licht auf die Biographien der beiden.)

Ein geheimer Hang nach Böhmen hat Mozart seit seinen Mannheimer Erfahrungen offenbar nicht verlassen. Im Jahr 1781 geht er von Salzburg nach Wien mit dem Plan, sich dort eine berufliche Existenz aufzubauen. Da irritiert es, daß in diesem Zusammenhang, ganz beiläufig, auch das Wort Prag auftaucht. Der Gedanke an dieses – nun näher gerückte – Wunschziel läßt ihn nicht los, er kalkuliert in einem Brief an den Vater die Reise dorthin, in einer verstohlenen Bemerkung, mit ein: *ich hoffe gewis daß ich ihnen in Wien mehr nützlich seyn kann, als in salzburg. – der Weeg nach Prag ist mir izt weniger verschlossen, als wenn ich in salzburg wäre* (16. 5. 1781).

Das Böhmen, das Mozart vor sich sieht, ist keineswegs ein Eldorado, wo vor einem Musikschaffenden die Türen nur so aufspringen würden. Aber es ist ein Garten, eine Pflanzschule, ein Laboratorium des musikalischen Geschehens. So etwa sehen die Bilder im Kopf aus, mit denen Mozart auf seine Pragreise zu lebt und sie schließlich antritt.

Das politische Spannungsfeld

Es ist kein Zufall, daß gerade die beiden weitaus politischsten Stücke Mozarts, *Figaros Hochzeit* und *Die Zauberflöte*, in Prag die großen Sensationen waren. *Figaro*, sozialkritisches Skandalstück und dennoch von lichter musikalischer Geistigkeit, hat die ganze Stadt monatelang in eine Art Mozart-Fieber versetzt. *Die Zauberflöte*, extrem antiklerikales Manifest im Gewande eines philosophischen Märchenspiels, wurde in Prag zunächst verboten und die Theatergesellschaft verhaftet, bevor das Stück ein Jahr später doch noch auf die Bühne kam.[26]

Mozarts Prager Erfolge, auch die seines persönlichen Auftretens, haben zugleich eine sehr politische Dimension. Es lohnt sich, nicht nur einen genauen Blick auf die politische Oberfläche zu werfen, sondern auch in einen, den wichtigsten, unterirdischen Gang der tschechischen Volksseele hineinzuleuchten: das Vermächtnis der böhmischen Ketzer. Den entscheidenden Anstoß zur Popularität des Jan Hus gab die römische Kirche, nämlich dadurch, daß sie ihn 1414 zum Konzil nach Konstanz einlud, ihm den Schutz seiner Person versprach und ihn dann verbrannte: Signal für eine ganz Böhmen und Süddeutschland überziehende Volkserhebung, die trotz grausamer Verfolgung als verzweifelte Unruhe anhaltend weiterschwelte. Wie hundert Jahre später Luther hat Hus die Evangelien in die Sprache seines Volkes übersetzt und damit die Kultur dieser Sprache begründet. Die revolutionäre Anklage der biblischen Propheten und die urchristliche Ethik stehen Pate für sein kühnes Programm, die gesellschaftliche Rangordnung umzustürzen, »indem das Reiche und Mächtige widerchristlich wird und das Arme und Unterdrückte christlich als erwählt gilt«.[27]

Obwohl der offene hussitische Protest im Blut erstickt wurde, ist die ketzerische Unruhe, das Brennende im Gebrauch der

Wahrheit, eine Konstante im tschechischen Denken geblieben. Der hussitische Impuls lebte in den Gemeinschaften der »Böhmischen Brüder« weiter, deren wichtigster Kopf, der Kosmopolit Jan Komenský (Comenius), die Utopie einer universal gebildeten humanen Gesellschaft entwarf und für sie lebte. Es ist unmöglich, daß ein Mann wie Mozart mit hochkarätigen Pragern zusammenarbeitete, ohne in die großen böhmischen Fragen eingeweiht zu werden, die jeden denkenden, jeden kritischen Prager beunruhigten.

Ende der 1780er Jahre, als Mozart nach Prag reiste, befand sich das kulturelle Böhmen genau in dem Zustand, der den Einbruch jugendlich frischer, ein Fenster in die politische Zukunft aufstoßender Ideen begünstigte. Vieles ist auf das zwiespältige Wirken des Reformkaisers Joseph II. zurückzuführen. Es war – wie Franz Schnabel es nennt – ein »System gewaltsamer Volksbeglückung«[28], das Joseph, der Idealist und tragische Dilettant, seinen Untertanen bescherte.

Natürlich spotteten die Wiener über die Modernisierungsbemühungen Josephs II., so etwa über seine Anpflanzungen im Augarten: er ließ ausgewachsene Bäume in den Park setzen, damit »ich und mein Mitmensch« sich schon ihres Schattens erfreuen könnten. Die Bäume gingen ein, ohne Wurzel zu schlagen, Sinnbild für seine Reformen. Von der Chance zu irgendeiner politischen Freiheit konnte nie die Rede sein, im Gegenteil: Er hat den Staat auch dadurch modernisiert, daß er einen gewaltigen Beamten- und Polizeiapparat aufbaute, die immer totalere Überwachung des einzelnen war die andere Seite seiner Reformen. Dazu kommt, daß er ohne Skrupel nach militärischem Ruhm strebte und, alles in allem, eher ein Kriegs- als ein Friedensfürst war.

Besonders in Böhmen stiftete seine Modernisierung mehr Ärger als Harmonie. Einerseits hat sein gegen die Kirche zielendes Toleranzgesetz (1781), das vor allem die Zensur weitgehend aufhob und allen nichtkatholischen christlichen Gemeinschaften die freie Ausübung ihrer Religion gestattete, den Beginn einer Neubesinnung auf die tschechische Geistestradition ermöglicht, eine ungeplante Folge. Andererseits heizte der Kaiser den böhmischen Patriotismus durch ein paar grobe Fehler erst richtig an.

Schon die Tatsache, daß er es versäumte, sich zum böhmischen König krönen zu lassen, konnte nur als hochmütige Gleichgültigkeit gedeutet werden, und das war es wohl auch. Vor allem aber konnten die Böhmen sein Verständnis einer Sprach-»Modernisierung« nicht begreifen. Er ordnete für den Gebrauch in Schulen und Behörden den kategorischen Vorrang und damit die Vorherrschaft des Deutschen an, ohne Rücksicht auf die seit eh und je sorgfältig gehütete Zweisprachigkeit des Landes zu nehmen.

Solche Signale konnten die böhmischen Intellektuellen (tschechischer und deutscher Sprache) nur dazu nötigen, durch streitbare, umfassende Aufklärung gegenzusteuern. Mozarts eigensinnige, für Wien eher störend-komplizierte Stücke erreichten Prag genau im rechten Moment.

Winterliche Lustreise

Längst bevor er es betrat, kannte Mozart Prag aus den Erzählungen seiner böhmischen Freunde. Die Bilder von der Goldenen Stadt und ihren Bewohnern, die sie ihm zeichneten, ergänzten die Vision, wie sie in seinem Inneren stand – Böhmen als Mekka der Musiktradition.

Neben den aus böhmischem Geist musizierenden Mannheimern war es vor allem ein alter Salzburger Kontakt, der ihn mit Prag verband: die Sängerin Josepha Duškova (1753–1824?), Schülerin und spätere Frau des Pianisten František Dušek, der über manche Verbindungen und einen gewissen Einfluß auf das Prager Musikleben verfügte. Bereits in Salzburg, wo sie 1777 im »Tanzmeistersaal« der Familie Mozart aufgetreten war, hatte Josepha, die drei Jahre ältere Kollegin und Verehrerin, den 21jährigen Wolfgang mit herzlichem Nachdruck eingeladen, er müsse unbedingt einmal »gerade oder über quer nach Prag kommen«.[29] Ein Traum, der immer wieder fortgeschoben wurde, aber nun, zehn Jahre später, in greifbare Nähe rückte.

Am 14. März 1786 gab Josepha Duškova in Wien ein Konzert. »Ihr accombanierte der famose Fliglist [Flügelspieler] Mozart.« Sie hatte den gemeinsamen Auftritt vortrefflich arrangiert, denn das Konzert fand »in k. Theater« statt, »wo die Gegenwart des Monarchen, der ganzen Hoffstat, aller Noblesse und des ganzen Publikums so voll war, dass man Leuthe zurückschicken musste«.[30] Bei dieser Gelegenheit wurde der alte Prager Plan aufgegriffen und nahm endlich konkretere Formen an. Ein Glücksfall kam zu Hilfe.

Mozart/Da Pontes provokative Oper *Figaros Hochzeit* fand in Wien (Uraufführung Mai 1786) eine halbherzige Resonanz und wurde nach neun Aufführungen vom Spielplan gestrichen. Völlig anders war die Konstellation in Prag. Hier stimmten alle Voraussetzungen. Die musikalische Kenntnis, Sensibilität und

Josepha Duškova. Punktiermanier nach von Haake, 1796

Begeisterungsfähigkeit des Publikums, aber auch seine Lust am aufklärerischen Geist des Stücks und manche anderen Faktoren – alles wirkte zusammen. Hinzu kam, daß Mozart durch die Aufführung seiner *Entführung aus dem Serail* in Prag bereits bestens bekannt und hochgeschätzt war. Die Prager *Figaro*-Premiere im Dezember 1786 war ein beispielloser Erfolg. Das Stück wurde eine ganze Saison lang nahezu en suite gespielt, Prag erlebte einen wahren *Figaro*-Jubel. Die Arien und Musiknummern der Komödie erklangen an allen Ecken der Stadt, machten ganz Prag nervös und figarosüchtig. Der ideale Augenblick für Mozarts Freunde und Förderer, unter ihnen in erster Linie die Dušeks und sicher auch einige Prager Freimaurer, sich zusammenzutun und für einen Pragbesuch Mozarts zu werben – bei Theaterleuten und Musikern, aber auch bei Repräsentanten des Geldadels und einflußreichen Intellektuellen Böhmens.

Es gelang ihnen, das – auch finanzielle – Polster für den Prager Aufenthalt des Komponisten herbeizuschaffen. Ein offizielles Einladungsschreiben seiner »Kenner und Liebhaber« erging an ihn, begleitet von einem blumenreichen Preisgedicht auf den Genius des jungen Komponisen, in dem die Deutschen den neuen, den »deutschen Apoll« erkennen und verehren.[31] Keine geringe Auszeichnung für den jungen Künstler.

Wer aber war Mozart 1787? Um den geistigen Hintergrund dieses Mannes plastisch sehen zu können, sollten wir uns einige Fakten vergegenwärtigen. Wir sprechen, schon wenn es um *Figaro* geht, vom späten Mozart. Tatsächlich, er hat zu diesem Zeitpunkt ein 25jähriges aufregendes Konzertleben hinter sich, und er hat bereits einen mächtigen Teil seines Werkes geschaffen, darunter allein 17 Messen, 14 Bühnenwerke, 45 Sinfonien. Auf der anderen Seite ist er aber erst knapp 31 Jahre alt (den 31. Geburtstag begeht er am 27. Januar in Prag). Er ist viereinhalb Jahre verheiratet und hat erst vor knapp fünf Jahren sein Elternhaus verlassen. Die geistige und gemüthafte Spannweite einer solchen Existenz kann man sich sicher nicht vorstellen, sie reicht von der abgeklärten Weisheit – zu fassen in Sequenzen seiner Musik wie auch im Timbre einiger Briefe – bis zum jugendlich verschwenderischen Spaß, der, eben durch die beständige Gegenwart jener fast beängstigenden Tiefendimension, mitunter in doppelte und dreifache Unbändigkeit überschießt.

Von der Lust, die den jugendlichen Mozart im Januar 1787 über die mährischen und böhmischen Hügel nach Prag trägt, erzählen die bubenhaften Sprachhüpfer, die er und in seinem Schlepptau die Mitpassagiere sich auf der Reise einfallen ließen, wohl von den exotischen Farben und Formen des Tschechischen angeregt: *wir haben uns allen auf unserer Reise Nämen erfunden, hier folgen sie. Ich. Punkitititi. – Meine frau. SchablaPumfa. Hofer: Rozka-Pumpa. Stadler: Natschibinitschibi. Joseph mein bedienter. Sagadarata. der gauckerl mein hund. Schamanuzky. – die Madme Quallenberg. Runzifunzi. – Mad:selle Crux. Ps. der Ramlo. Schurimuri. der freystädtler. Gaulimauli* (15. 1. 1787).

Wollte man aus dem Brief allerdings schließen, die erwähnten Personen seien alle mit von der Partie gewesen, so käme man auf eine Luxusreisegruppe von neun Personen plus Hund (so wollen es, mit wechselndem Additionsglück, manche Biographen), das Ehepaar war aber wohl nur von den beiden nahen Freunden, dem Geiger Franz Hofer und dem Klarinettisten Anton Stadler, begleitet. (Daß auch Gauckerl, der Hund, mitgereist wäre, ist eher eine liebenswerte Legende.)

Im übrigen wissen wir über diese Winterreise ziemlich viel: Es ist noch stockdunkel, als die Mozarts am 8. Januar früh 5 Uhr – die Stunde ist verbürgt – in Wien aufbrechen. Sie wählen die östliche Route nach Prag. Noch in Wien geht es über die Donaubrücke auf das linke (nördliche) Ufer und nun die Flußauen aufwärts und dann nach Norden über Stockerau durch das Weinviertel. In Znojmo (Znaim) überqueren sie die Dyje (Thaya). Die Reise auf höchst abenteuerlichen Straßen durch die verschneiten südmährischen Wälder, durch arme, von den Schrecken der Kriege immer noch gezeichnete Gehöfte und Ortschaften ist ein rauhes Vergnügen. Über Moravské Budějovice (Mährisch Budweis) und Jihlava (Iglau) kommen sie nach Čáslav (Tschaslau), das bereits zum Mittelböhmischen Hügelland gehört. Sie erreichen die Elbe bei Kolín, folgen dem Lauf der Elbe abwärts und sind am *Donnerstag den 11:ten um 12 uhr zu Mittag* in Prag (15. 1. 1787).

Soeben angekommen, werden sie im prächtigen Palais des Grafen Johann Joseph von Thun, das sich auf der Kleinseite, Thunovská 14, befindet, mit einem Empfangsdiner und anschließender galanter Willkommensmusik überrascht: *Gleich nach unserer Ankunft hatten wir über hals und kopf zu thun, um bis 1 uhr zur Tafel fertig zu werden. Nach Tisch regalirte uns der alte H: graf Thun mit einer Musick, welche von seinen eigenen leuten aufgeführt wurde, und gegen anderthalb Stunden dauerte* (15. 1. 1787).

Sie erholten sich einen Tag lang im Gasthof »Zu den drei goldenen Löwen« (»U tří zlatých lvíčků), am Uhelný trh (Kohlmarkt) 1. Dort erinnern heute ein Medaillon mit der Silhouette Mozarts und eine Tafel an die Gäste: U tomto dome bydlil Mozart u roce 1787 – In diesem Haus wohnte Mozart im Jahr 1787. Das Haus gehörte den Dušeks, deren Gäste Wolfgang und Constanze hier waren. Am folgenden Tag bat Thun die Mozarts, ganz in sein Palais zu ziehen, um sie dort mit »Kost und allen Bequemlichkeiten« zu verwöhnen. Sie nahmen die Einladung für sieben Tage an und zogen am 18. Januar in das Gasthaus »Zum goldenen Engel« (»U zlatého anděla«), Celetná (Zeltnergasse) 29, das näher beim Theater lag.

In der Prager Öffentlichkeit wurde Mozart am 12. Januar durch eine kurze Reportage in der Prager Oberamtszeitung als »unser grosse und geliebte Tonkünstler« begrüßt. Die Kenntnis seines *Figaro*, »das beliebte Werk seines musikalischen Genies«, wird als selbstverständlich vorausgesetzt, die Zeitung fügt die Hoffnung auf einen speziellen Konzertabend an: »Wir wünschten auch Herrn Mozard's Spiel selbst bewundern zu können.«

Die Redakteure der Prager Oberamtszeitung konnten davon ausgehen, daß das Stück und sein Urheber stadtbekannt waren. Nicht nur beim Theaterpublikum war die Oper ein Glanzlicht, »man konnte sich nicht genug daran satt hören«, »der Enthusiasmus, den sie bei dem Publikum erregte, war bisher ohne Beyspiel«. Die *Figaro*-Welle hatte auch die breite Öffentlichkeit erfaßt, denn ein Prager Opern-Insider und Mozartfan (der Kapellmeister Jan Kuchař) hatte zahlreiche Nummern der Komödie trickreich in leicht spielbare, süffige Musiksätze für Bläser, für Streicher, für Piano, in Lieder und Tänze umgewandelt. So kommt es, daß »Figaros Gesänge widerhallten auf den Gassen, in Gärten, ja selbst der Harfenist auf der Bierbank mußte sein non piu andrai tönen lassen, wenn er gehört werden wollte [...]«.[32]

Das ist die Aufbruchstimmung, die Mozart gleich in seinen ersten Prager Stunden entgegenschlug, die ihn beflügelte und seine Freundschaft zu Prag kräftig verankerte. Bereits am Tag der Ankunft, dem 11. Januar, lud Freimaurer-Freund Graf Canal die beiden Mozarts zu sich in seine Kutsche und entführte sie *auf den sogenannten breitfeldischen ball, wo sich,* wie Mozart an Gottfried von Jacquin schreibt, *der kern der Prager schönheiten zu versammeln pflegt. – das wäre so was für sie gewesen mein freund! – ich meyne ich sehe sie all den Schönen Mädchens, und Weibern nach – laufen glauben sie? – Nein, nachhinken! – Ich tanzte nicht und löffelte nicht. – das erste, weil ich zu müde war, und das leztere aus meiner angebohrnen blöde; – ich sah aber mit ganzem Vergnügen zu, wie alle diese leute auf die Musick meines figaro, in lauter Contretänze und teutsche verwandelt, so innig vergnügt herumsprangen* (15. 1. 1787).

Warum gerade *Figaros Hochzeit* diesen spektakulären Widerhall bei den Pragern fand, das hängt unter anderem auch mit dem Geist des Prager Theaters zusammen – das, wie es seine Mission ist, die Vorgänge in der böhmischen Gesellschaft aufnahm, vertiefte und vorantrieb.

Lessing, Mozart und das Ständetheater

Die stürmische Entwicklung der in Florenz und Venedig geborenen Oper begann gegen Mitte des 18. Jahrhunderts die Prager Theaterlandschaft zu verwandeln. Die hinreißende neue Kunstform, ihr Zauber: das Zusammentreffen aller künstlerischen Dimensionen in einem Moment, ergriff und infizierte das gesellschaftliche Leben wie eine Droge. Plötzlich kam der brennende Wunsch nach der Stiftung eines festen Ortes für den neuen Kult auf. Das forderte auch das Sprechtheater – das an die Traditionen der geistlich-moralisch engagierten Hochschulbühnen und der wandernden Berufskomödianten anknüpfte – heraus, über künstlerische und inhaltliche Fragen und Fragen der Berufsausbildung grundsätzlich nachzudenken. Im Wettstreit mit den Wegbereitern des Musiktheaters erhob sich zugleich der Anspruch auf die Gründung eines Schauspielhauses, das politisch und wirtschaftlich frei genug sein sollte, im Dienst des großen Dramas und der intellektuellen Kultur zu arbeiten.

Endlich im Jahr 1783 wurde das Prager Ständetheater (Stavovské divadlo) feierlich eröffnet, getragen von den vorwiegend aristokratischen böhmischen »Ständen«, im wesentlichen »auf Kosten und Gefahr«[33] des Initiators Graf Nostitz-Rieneck. Es handelt sich um eine Art Gegenmodell zum Hoftheater (etwa dem Wiener). Während ein Hoftheater finanziell und daher auch in der Wahl der Inhalte, Mitarbeiter, künstlerischen Mittel von einem Fürsten und seinen zufälligen Urteilen abhängig war, sollte dieses Theater, dem damals vieldiskutierten Gedanken eines »Nationaltheaters« folgend, im Sinn eines freien Humanismus aufklären und erziehen, für die Bürger dasein, ihre politischen und sozialen Anliegen artikulieren. Tatsächlich spielten im Ständetheater die Zuschauer eine neue einflußreiche Rolle, sie hatten in Prag »immer mehr zu sagen als das bei den Hoftheatern möglich war«[34]. Es bedurfte nur eines Minimums an Mißverständnis, Mißtrauen oder Mißgunst, um die Arbeit des Prager Ständetheaters als Affront gegen Wien zu verstehen (und es gab daher immer wieder kaiserliche Animositäten gegen das Ständetheater).

Das Ständetheater befindet sich an der Kreuzung Eisengasse/Obstmarkt (Železná/Ovocný trh) und wird heute bespielt wie einst – natürlich in erster Linie mit Mozart-Opern. Es handelt sich um den ersten klassizistischen Bau Prags. Drei Außenfronten setzen in fein proportionierter antikischer Strenge den besonderen Akzent im städtebaulichen Kontext. Die vierte, die Eingangsfassade, möchte zwischen der klassizistischen Linie und dem Charme des Prager Barock vermitteln, wohl die angestrebte liebenswürdige Geste der Einladung. Um 1860 wurde der ganze Bau um ein Stockwerk erhöht, dabei blieb der Baucharakter erstaunlich treu erhalten. Der Zuschauerraum – zwei Parterres, 52 Logen, eine Galerie – stellte eine intim behütete Atmosphäre her.

Während andere moderne Bühnen, dem Zug der Zeit folgend, Shakespeare zu ihrem Genius erkoren, entschied sich Prag für Lessing, dessen vergleichsweise früher Tod (1781) dem Publikum noch frisch im Gedächtnis stand. Das Bühnenportal trug oben in beherrschender Mitte, eindeutig als Orientierung für das Theatergeschehen, Lessings Porträt und Namen.

Ständetheater (Stavovské divadlo), vollendet 1783, Eingangsfassade

Eröffnet wurde das Theater mit »Emilia Galotti«, dem wohl streitbarsten Stück Lessings, dessen Zielscheibe der Zynismus adliger Machtausübung ist. Die dem skrupellosen Prinzen ausgelieferte (bürgerliche) Emilia bittet ihren Vater, ihre Freiheit vor dem Verführer zu retten. Um ihre Bitte zu erfüllen, ersticht

Gotthold Ephraim Lessing. Ölgemälde von Johann Heinrich Tischbein d. Ä., um 1755

er sie – der Opfertod als Skandalon, älteste und wildeste Form des politischen Protests. Lessing, jedes Klischee vermeidend, stellt neben die soziale Kritik die Alternative einer Menschlichkeit jenseits der Standesgrenzen.

Daß man dieses Stück zur Eröffnung der Bühne wählte, verrät das Programm des Theaters: Aufklärung als Infragestellung der höfischen Gesellschaft, aber auch Ausblick auf ein freies Denken jenseits der Vorurteile.

Lessing, Personifikation der Aufklärung – sein Porträt über der Prager Bühne hat noch zwei wichtige Bezüge. Lessing stand in erklärter Distanz zur Kirche. Und: er war Freimaurer. Beide Fakten setzen politische Akzente. Sie machen das Abenteuer dieses Theaters für die Zeitgenossen angreifbar. Es macht auf sich aufmerksam im anziehenden und im herausfordernden Sinn.

1786, schon drei Jahre nach seiner Gründung, war das Haus erneut Ort großen Theatergeschehens. Der prominente (ab 1784 verantwortliche) Theaterdirektor und Baßbuffo Pasquale Bondini und sein Regisseur Domenico Guardasoni bewiesen einen erstaunlich sicheren künstlerischen und politischen Instinkt, indem sie – nach Wien – als zweite Bühne Mozarts *Figaro* zur Aufführung brachten. Der Stoff geht auf den Agenten, Waffenhändler, Uhrmacher und Dramatiker Pierre-Augustin Caron de Beaumarchais zurück. Sein hochpolitisches Intrigenstück (Uraufführung Paris 1784) »La Folle journee ou Le Mariage de Figaro« (»Der tolle Tag«) nimmt die Verlogenheit und Brüchigkeit der feudalen Welt unter so scharfen Beschuß, daß Aufführung und Druck des Textes in Wien verboten wurden. Die umwerfende Idee aber, den brisanten Stoff in Musik umzusetzen, die sensationelle Neuerung, kochende soziale Konflikte der Gegenwart zum Inhalt einer Oper zu machen, stammt von Mozart selbst. Sein Librettist Lorenzo Da Ponte (1749 –1838)erreichte beim Kaiser die Erlaubnis zur Aufführung, indem er den Text sprachlich an einigen Stellen entschärfte, tatsächlich steckt aber in der komponierten Oper immer noch genug Pulver. Die in den Episoden, im Kräftespiel zwischen den Figuren, im szenischen Ablauf enthaltene politische und geistige Spannung gewinnt durch Mozarts musikalische Vertiefung, Psychologisierung, Vermenschlichung nur an Nähe, Schärfe und Dramatik hinzu.

Die drei sprechendsten szenischen Linien sind alle gleich skurril: Graf Almaviva, der offiziell das »Recht der ersten Nacht«

abgeschafft hat, will sich selbst dennoch die Chance nicht nehmen lassen, ebenjene Nacht mit der Zofe Susanna zu verbringen. Seiner Gemahlin überdrüssig, ist er dennoch hektisch eifersüchtig auf Cherubino, den Pagen, der sich um einen eher oberflächlichen Flirt mit ihr bemüht. Und das krönende Durcheinander im nächtlichen Park: Der Graf tritt in die von seinen Partnern gut ausgeknobelte Falle – die Frau, der er in blinder Leidenschaft nachstellt, entpuppt sich als seine eigene.

Die Modernität, das sprühende musikalische und intellektuelle Tempo, das zwischen Witz und Empfindung entstehende, unvergleichliche Timbre der Heiterkeit, all diese Elemente haben das Prager Publikum spontan erreicht, die untrügliche Helligkeit des Denkens viele kritische Köpfe ergriffen und angesteckt. Mozart selbst freute sich aufrichtig über die Intelligenz und Wärme, mit der sein *Figaro* in Prag aufgenommen wurde: *hier wird von nichts gesprochen als vom – figaro, nichts gespielt, geblasen, gesungen und gepfiffen als – figaro: keine Opera besucht als – figaro und Ewig figaro; gewis grosse Ehre für mich* (15. 1. 1787).

Für den Prager Erfolg gibt es, wie schon angedeutet, noch eine Erklärung. Das politische Klima Böhmens war wieder einmal in einer bedenklich kritischen Phase angekommen, die soziale und religiöse Unterdrückung stand in einem immer krasseren Mißverhältnis zu den Urteilsmöglichkeiten der Bürger. Prag war reif für die aufklärerische Botschaft der neuen Oper, die letztlich aus dem vorrevolutionären Paris stammenden Sprengkräfte des Stücks trafen in Prag auf weit offene Türen. Dabei ist festzuhalten, daß das Werk sowohl bei Beaumarchais als auch bei Mozart/Da Ponte nie die Monarchie als solche in Frage stellt. Es geht um eine viel bescheidenere, weil realistischere Forderung, nämlich nach einer konstitutionellen, an Recht und Gesetz gebundenen Monarchie anstelle der bestehenden völligen Rechtlosigkeit. – Eine andere Nuance tritt hinzu: der Stolz der böhmischen Patrioten gegenüber Wien auf ihr wacheres, ihr interessanteres Theater – im Hinblick auf die alte Rivalität zwischen den Kaiserstädten ein verständliches Vergnügen.

Natürlich ist es eine Lust für einen Künstler, sich in einer Stadt aufzuhalten, die ihm einen wahren Teppich der Begeisterung ausgebreitet hat. Den Auftakt machte das Ständetheater mit der Einladung an Mozart, am 17. Januar der Aufführung seiner Oper *Figaros Hochzeit* beizuwohnen. Bereits während der Ouvertüre »verbreitete sich der Ruf von seiner Anwesenheit im Parterre, und so wie die Sinfonie [die Ouvertüre] zu Ende gieng, klatschte ihm das ganze Publikum Beyfall und Bewillkommen zu«.[35] Mozart genoß die Aufführung, denn sie zeigte ihm, die Künstler hatten das Werk in seinen Nuancen begriffen, und er sprach dem Dirigenten Johann Joseph Strobach schriftlich seinen ausdrücklichen Dank aus.

Die jugendliche Frau des Theaterdirektors, Caterina Bondini, sang die Susanna, den Grafen Almaviva der erst zwanzigjährige (!) Wunder-Bariton und Publikumsliebling Luigi Bassi, den Bondini sich aus Florenz geholt hatte. Ein Beispiel dafür, wie glücklich der Umstand war, daß sich dieses Theater stets an den künstlerischen Quellen, an Italien, orientierte, der Theaterdirektor relativ unabhängig arbeiten konnte, durch seine persönlichen Kontakte zu Venedig, Mailand und Neapel über das italienische Operngeschehen auf dem laufenden war und sein Personal direkt aus Italien importierte.

Am 19. Januar gab Mozart »auf allgemeines Verlangen« im Ständetheater eine »Akademie«. So nannte man zu Mozarts Zeiten ein Konzert, in dem ein Künstler dem Publikum Beispiele seiner Kunst bot, so wie ein Handwerker aus der Musterkiste Stücke seines Könnens vorzeigt. »Nie sah man noch das Theater so voll Menschen, als bey dieser Gelegenheit; nie ein stärkeres, einstimmiges Entzücken, als sein göttliches Spiel erweckte. Wir wußten in der That nicht, was wir mehr bewundern sollten, ob die außerordentliche Komposition, oder das außerordentliche Spiel; beydes zusammen bewirkte einen Totaleindruck auf unsere Seelen, welcher einer süßen Bezauberung glich! Aber dieser Zustand lösete sich dann, als Mozart zu Ende der Akademie allein auf dem Pianoforte mehr als eine halbe Stunde phantasirte und unser Entzücken auf den höchsten Grad gespannt hatte, in laute überströmende Beyfallsäußerung auf.«[36]

Im Mittelpunkt des Abends stand die Uraufführung der sogenannten *Prager Sinfonie* KV 504 (am traditionellen Namen ist so viel richtig, daß sie in Prag zum erstenmal erklang; sie entstand im Spätherbst 1786 und war eher für die geplante Englandreise bestimmt). Nicht nur die Tonart – die des *Figaro* und des *Don Giovanni* (D-Dur) – verbindet das Konzertstück mit den beiden Opern. Wenn der sprühende dritte Satz ein Thema aus *Figaro* aufgreift (Duettino Susanna-Cherubino Nr. 15), ist es direktes Zitat. Wenn gegen Ende des ersten Satzes heiter-dunkle Stimmungen aus *Don Giovanni* durchklingen, sind es Konzepte, die später in die Oper eingehen werden. Im festlichen Pathos der Sinfonie sind immer wieder Korrespondenzen mit spätbarockem Empfinden erkennbar. Unter diesem Licht liegen aber gefahrvolle Tiefen. Besonders im zweiten Satz (Andante) erinnern Chromatik, pochende Gänge und Moll-Passagen einmal mehr daran, »daß die angeblich ungetrübte göttliche Heiterkeit Mozarts [...] Legende ist«[37].

Über den Abschluß der »Akademie« gibt es einen Bericht des tschechischen Theaterdirektors Stepanek: »[...] sodaß er durch den stürmischen Beifall, den man ihm zollte, sich gezwungen sah, nochmals an das Klavier sich zu setzen. Der Strom dieser neuen Phantasie wirkte noch gewaltiger und hatte zur Folge, daß er von den entbrannten Zuhörern zum dritten Male bestürmt wurde. Mozart erschien. Innige Zufriedenheit über die allgemeine enthusiastische Anerkennung seiner Kunstleistungen strahlte aus seinem Antlitz. Er begann zum dritten Male mit gesteigerter Begeisterung, leistete, was noch nie geleistet worden war, als auf einmal aus der herrschenden Totenstille eine laute Stimme im Parterre sich erhob mit den Worten: ›Aus Figaro!‹ worauf Mozart in das Motiv der Lieblings-Arie ›Non più andrai farfallone etc‹ einleitete und ein Dutzend der interessantesten und künstlichsten Variationen aus dem Stegreif hören ließ und somit unter dem rauschendsten Jubellaute diese merkwürdige Kunst-Ausstellung endigte.«[38]

Brillant-lustvoller Schlußauftritt Mozarts in der Prager Öffentlichkeit ist dann am 22. Januar die Festaufführung seines *Figaro* im Ständetheater: der Komponist, wiederum »mit brausendem Jubel empfangen«, dirigiert die Oper vom Cembalo aus.[39]

Neben dem sehr produktiven künstlerischen Austausch mit den Theaterleuten und Musikern hatte Mozart in Prag auch eine Reihe gesellschaftlicher Verpflichtungen wahrzunehmen. Sie bewegen sich allesamt im Freimaurer-Umfeld. Mozart hat diese Kontakte mit Genuß aufgegriffen und gepflegt. Am 13. Januar waren er und Constanze in die – allerdings bereits mit vielen unsichtbaren, feinen Haarrissen versehene – Hochburg der katholischen Theologie in Böhmen, in das Clementinum, gebeten. Das in der Karlsgasse/Kreuzherrengasse gelegene Clementinum ist das, nach dem Hradschin, größte Prager Bauwerk, ein »fast zwei Hektar umfassender, monumentaler escorialartiger Palastbau«[40], eine Stadt in der Stadt, mit sechs Innenhöfen, mehreren Kirchen, einer Sternwarte. Das barocke Clementinum entstand ab 1578 in jesuitischem Auftrag als Kampfansage gegen die 300 Jahre ältere, hussitisch orientierte Karlsuniversität. Nach der Auflösung des Jesuitenordens 1773 wurden die ursprünglichen Seminarräume in der Mehrzahl als

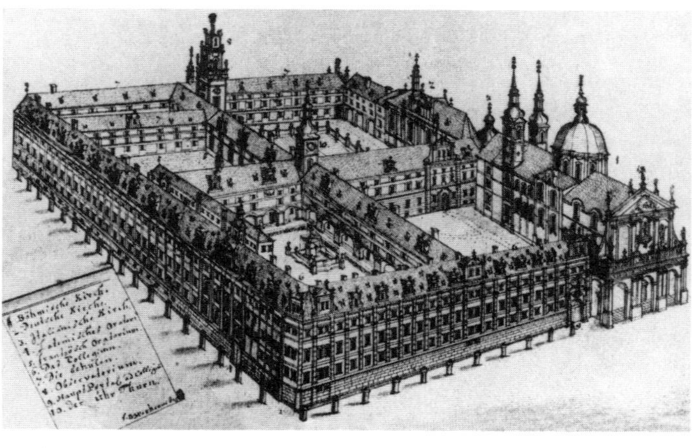

Clementinum, vollendet 1727, Zeichnung von F. B. Werner, um 1750

Bibliothek genutzt, und die Ironie will es, daß der Bibliotheksdirektor ein sehr kritischer Theologe und überdies Freimaurer war: Karl Raphael Ungar (1743 bis 1807).

Dieser Mann hatte die Mozarts eingeladen. Und es wäre ein Wunder, wenn es zwischen dem Musiker und dem Gelehrten nicht sehr rasch zu einem gesunden ketzerischen Einverständnis gekommen wäre. Ungar wird geschildert als ein Mönch, der, »soviel ich gesehen habe, kein geistliches Kleid trägt und ziemlich die Statur eines wohlgemästeten Fleischers hat [...] ein freimütiger, offener, dienstfertiger Mann, der den Socin neben den Augustin in ein Gefach gestellt hat und mit herzlichem Eifer gegen die ehemaligen Besitzer der Bibliothek, die Jesuiten, loszieht«.[41] (Der Name Socin verweist auf die polnisch-schlesischen Socinianer, die, in geistiger Nachfolge der Hussiten, ein kompromißlos aufgeklärtes Christentum anstrebten und schließlich von der römischen Kirche ausgelöscht wurden.)

Wir haben die Daten der Begegnung aus erster Quelle: [...] *wir verschliefen uns sehr artig. – doch waren wir im stande schon um 11 uhr uns beym Pater Unger einzufinden, um die k: k: bibliothek, und das allgemeine geistliche seminarium im ~~hohen~~ niedern Augenschein zu nehmen; – nachdem wir uns die augen fast aus dem kopf geschauet hatten, glaubten wir in unseren innersten eine kleine MagenArie zu hören; wir fanden also für gut zum graf Canal zur Tafel zu fahren* (15. 1. 1787).

Kaum hören wir Mozarts Stimme, da vernehmen wir schon das geheime Lachen des großen Geistes. Der hohe Augenschein wird nur zum Schein ausgestrichen, denn der niedere weiß wohl, daß er Augen hat, die weiter blicken. Welch kostbare Folianten der böhmischen Alchimisten, Mönche und Ketzer man dem Musikantenpaar auch vorgelegt haben mag – ein *innerstes* Lied warnt sie dennoch, sich nicht selber zu vergessen.

Die folgende Episode spielt in der Sphäre zwischen Wirklichkeit und Legende. Johann Philipp Joseph Graf Pachta, dessen Palais, das sogenannte Pachta-Palais, noch heute am Annenplatz 4 (Anenské náměstí) zu bewundern ist, war mit Mozart wiederum über das gemeinsame Freimaurer-Engagement verbunden und soll es verstanden haben, aus dem widerspenstigen Künstler die Komposition einer ganzen Sequenz von Tänzen herauszulokken – nämlich indem er ihn zum Diner lud, jedoch eine Stunde zu früh. Der verdutzte Gast fand statt der gedeckten Tafel ein Tischchen mit Papier, Feder und Tinte vor. Er setzte sich nieder und erfüllte den Wunsch. Bis hierher ist die Erzählung durchaus wahrscheinlich; nur spekulieren können wir aber, um welches Werk es sich handelt: wohl um die sechs *Deutschen Tänze* KV 509, datiert 6. Februar 1787 – Landler also, bäuerliche, vorwiegend schnelle Tänze (bei denen sich, unhöfisch, die Paare umschlungen hielten). Dominierende Fanfarentöne und lange Crescendoschlüsse schenken den Tänzen festliche Fülle, sie sind durch Überleitungen zu einem Zyklus verbunden. Wie die Geschichte im einzelnen auch abgelaufen sein mag: fest steht, die Tanzstücke müssen unter dem Prager Himmel entstanden sein.

Als Wolfgang und Constanze sich am 8. Februar 1787 zur Rückreise anschickten, war ihnen die fremde Welt Prag binnen weniger Tage zum herzlich verwandten heimatlichen Haus geworden. Begeisterung, Wärme, Freundschaft hatten sie erreicht. Mozart fühlte sich und seine Botschaft, sein Werk, angenommen. Und das wichtigste Geschenk: Ihn begleitete die Bitte wiederzukommen, die Forderung, sich entschiedener an Prag zu binden, das ungeduldig die nächste Probe seiner Kunst von ihm erwartete.

Denn vor seiner Abreise tauschten er und die Leitung des Prager Theaters noch ein brisantes Papier aus. Der hinreißende Erfolg seines *Figaro* hatte bewirkt, daß ihn die Prager zur Komposition eines neuen, ähnlich erfolgversprechenden Werkes verpflichteten – diesmal aber eigens geschaffen für die Uraufführung im Ständetheater. Als Honorar wurden 100 Gulden vereinbart. Regisseur Domenico Guardasoni schlug für die neue Oper den *Don-Giovanni*-Stoff vor.[42]

Dunkle Lichter

Die Partitur der neuen Oper *Don Giovanni* lag Ende September 1787 in den wesentlichen Zügen fertig vor. Das Jahr, in dem dieses Werk wuchs und Gestalt annahm, ist zugleich gekennzeichnet durch eine Folge schicksalhafter Einbrüche in Mozarts Leben.

Schon im November 1786 starb Mozarts drittes Kind. Im Januar 1787 starb sein naher Freund August Clemens Graf Hatzfeld an der Schwindsucht. Der dramatische Tod des nahezu Gleichaltrigen ging Mozart sehr zu Herzen. Diese Erfahrung und die Nachricht von der sehr ernsten Erkrankung seines Vaters sind es, die ihn zu einer großatmigen Betrachtung der Abgründe des Daseins bewegen, wie sie sich dann in dem denkwürdigen Brief vom 4. April 1787 niederschlagen, in dem Mozart bekennt: *da der Tod |: genau zu nemmen :| der wahre Endzweck unsers Lebens ist, so habe ich mich seit ein Paar Jahren mit diesem wahren, besten freunde des Menschen so bekannt gemacht, daß sein Bild nicht allein nichts schreckendes mehr für mich hat, sondern recht viel beruhigendes und tröstendes! Und ich danke meinem gott, daß er mir das glück gegönnt hat mir die gelegenheit |: sie verstehen mich :| zu verschaffen, ihn als den schlüssel zu unserer wahren glückseeligkeit kennen zu lernen.*

Der Brief ist die Weiterführung eines Gedankengangs, den Mozart in einem Buch finden konnte, das er nachweislich besaß. Sein Verfasser ist Moses Mendelssohn. Wie kam Mozart an das Buch? Daß er, der am besten mit Leuten konnte, die in kein Schema passen, einen auffallend guten Draht zum Jüdischen hatte, ist viel zuwenig bekannt (von seinem wichtigsten Librettisten, Da Ponte, wird noch die Rede sein). Nahe jüdische Freunde waren es, die Mozart aufnahmen, als er in Wien eine erste eigene Unterkunft suchte, die Familie von Arnstein; der prominenteste Vertraute des Hauses war der Berliner Phi-

Moses Mendelssohn. Rötelzeichnung von Daniel Chodowiecki

losoph Moses Mendelssohn. Daß Mozart über diese Brücke mit dessen Gedanken und Schriften bekannt wurde, liegt auf der Hand.[43]

Die Metaphysik Mendelssohns ist die gemüthafte, verinnerlichte Variante einer »trostvollen Aufklärung«[44], dem Denken seines Freundes Lessing sehr verwandt. Die große Popularität von Mendelssohns Hauptschrift »Phädon oder Über die Unsterblichkeit der Seele« (1767) kommt daher, daß Lebensfragen, über die man nur unter der Kuppel kirchlicher Vorstellungen zu reden gewohnt war, hier unter dem freien Himmel des aufgeklärten Sehens diskutiert werden, unter Berufung auf den Heiden Sokrates, und dies von einem mosaisch geschulten Autor. Das Werk übermittelt Bruchstücke aus dem bis dahin noch nicht übersetzten »Phaidon« Platons und referiert Gedankenlinien von Descartes, Leibniz und Wolff. Mozart folgt Mendelssohn zum Teil bis in die Wortwahl hinein.

Mendelssohn: »[...] wofern sie [die Weltweisen] den wahren Endzweck ihres Daseyns erfüllen wollen, so müssen sie suchen die Seele vom Leibe zu trennen [...] Der Tod ist diese Trennung.« – Mozart: *da der Tod* [...] *der wahre Endzweck unsers Lebens ist.*

Mendelssohn: »Welche Ungereimtheit also, bey Herannahung desselben zu zittern, sich zu betrüben! Getrost und fröhlich vielmehr müssen wir dahin reisen.« – Mozart: [...] *daß sein Bild nicht allein nichts schreckendes mehr für mich hat, sondern recht viel beruhigendes und tröstendes!*

Mendelssohn: »[...] stirb, um dem menschlichen Geschlechte diese theuren Mittel zur Glückseligkeit zu erhalten!« – Mozart: *ihn als den schlüssel zu unserer wahren Glückseligkeit kennen zu lernen.*[45]

Allerdings: die innigen Worte Mozarts *ich lege mich nie zu bette ohne zu bedenken, daß ich vielleicht* |: *so Jung als ich bin* :| *den andern Tag nicht mehr seyn werde* – diese Worte sind nirgends vorgeprägt, sondern Mozart unmittelbar.

Mitten in dem zitierten Brief erhebt Mozart seine Stimme zu der doppelt zu lesenden Wendung |: *sie verstehen mich* :|. Sie sind ein klarer Hinweis auf die gemeinsame Bindung des Sohnes und des Vaters an den freimaurerischen Hintergrund – die nun, als ein Unterpfand der Ebenbürtigkeit, die Bindung zwischen Leopold und Wolfgang Amadeus neu verankert.

Leopold Mozart stirbt am 28. Mai 1787. Hätten wir nicht diesen Brief, wüßten wir wenig über Mozarts auch den Tod einbeziehende innere Gemeinschaft mit dem Vater. – Am 3. September erreicht Mozart die Nachricht vom Tod des 26jährigen Arztes und Freundes Sigmund Barisani, der ihn wiederholt betreut hatte. Auch dieser Tod hat ihn stark getroffen. Ins eigene Stammbuch schreibt Mozart: *Heute am 3ten Sept. dieses nemlichen Jahres war ich so unglücklich diesen Edeln Mann liebsten besten Freund und Erretter meines Lebens, ganz unvermuthet durch den Tod zu verlieren. – Ihm ist wohl! – aber mir – uns – und Allen die ihn genau kannten – Uns wird es nimmer wohl werden – bis wir so glücklich sind ihn in einer beßern Welt – wieder – und auf nimmer scheiden – zu sehen. Mozart*[46]

Ist es, wenn wir die persönlichen Erfahrungen des Jahres 1787 zusammensehen, ein Wunder, wenn sich ihr dunkles Licht in dem Werk spiegelt, das in diesem Jahr entsteht? Einerseits ist *Don Giovanni* nach allen Regeln der Kunst als musikalische Komödie gebaut und knüpft mit großem Vergnügen und nachdrücklich an das alte Don-Juan-Volksstück an, jenes lustig-derbe, dem Publikum wohlbekannte »Jahrmarktsspectaculum der Höllenflammen«.[47]

Andererseits trägt Mozarts *Don Giovanni* eine ganz ungewöhnliche Fracht an irritierender Schwärze mit sich. Das gilt noch weit mehr für die Komposition als für den Text. Da gibt es, sofort zu Beginn, unheimliche, dunkel-festliche Akkorde, da gibt es gespenstische Spiegelungen, sakrale Töne, Spannungen, Kontraste, jähe Brüche, zerrissene Stimmungen, tödlich erschreckende Dimensionen von Schicksalsabgrund und Gefahr. Offen oder verdeckt ziehen sich durch dieses »erbarmungslose«[48] Nacht-Stück die Schatten und Schauer des Todes.

Wie tief die Todesphantasien und -gedanken in Mozarts Aufzeichnungen und in seinem *Don Giovanni* leben, wird uns noch deutlicher, wenn wir zwei weitere Aspekte anklingen lassen. Mendelssohns Text über den Tod, auf den Mozarts Brief aufbaut, ist ja nur die bekannteste unter zahllosen Schriften zu diesem Thema, die gerade im Jahrhundert der Aufklärung heftig diskutiert wurden. »Wahrscheinlich beschäftigte man sich in keiner anderen Epoche als dem 18. Jahrhundert so intensiv mit der Frage, was auf den Tod folgt«, betont J. Choron.[49] Besonders in der Gedankenwelt der Freimaurer besetzt das memento mori eine Schlüsselposition.

> Unser ganzes Leben ist nur eine Reise zum Tode [...]
> Frühe Bekanntschaft mit dem Tode ist die beste Schule des Lebens [...]
> Gedenke an den Tod! Vielleicht ist er dir nahe.[50]

Das sind rituelle Worte, die bei der Eingangsliturgie des Meistergrades gesprochen werden, im Angesicht des Totenkopfes.

Altar und Sarg stehen im Zentrum des kultischen Geschehens. Nur was vor der Gegenwart des Todes besteht, ist wahr.

Der andere Aspekt ist das barocke Denken, das im österreichischen Geist des 18. Jahrhunderts und so auch in Mozarts Lebensgefühl unterschwellig, aber ungebrochen kräftig weiterlebt. Das barocke Feuer besteht wesentlich aus Komponenten der Spiegelung, des Zwielichts. Der Tod spielt eine entscheidende Rolle – das antithetische barocke Lebensgefühl entsteht aus der Begegnung zwischen Lebenslust, Spiel, Tanz und dem Pathos des memento mori. Alles Blühen, so die barocke Lyrik, trägt das Verwelken in sich, »tot war ich vor dem Tod«, dichtet Gryphius.[51]

Todesgedanken lagern als vielschichtiges nächtliches Gewicht rund um die Entstehung dieser Oper. Hier wird auch deutlich, wie hellsichtig Eduard Mörikes Novelle »Mozart auf der Reise nach Prag« konzipiert ist, in deren Mittelpunkt ja die Oper *Don Giovanni* steht – davon wird noch zu reden sein. Die memento-mori-Thematik begleitet diesen auf einen eher heiteren Ton gestimmten Text als eine Art leiser, eindringlich dunkler Kontra-Musik.

Die Reise, der Mörike nachgeht, ist Mozarts zweite Pragreise – eben die, von der wir nun zu berichten haben. So musisch frei Mörike in seiner Erzählung auch schaltet – ein intelligenter Zufall will es, daß seine erste geographische Angabe genau stimmt: »nicht viel über dreißig Stunden Wegs von Wien entfernt [...] bei Schrems, wo man das schöne Mährische Gebirg bald vollends überstiegen hat«.[52]

Tatsächlich wählte Mozart diesmal die westliche Route nach Prag, nämlich von Wien über Stockerau – Schrems (das auch heute noch in Österreich liegt) – Jindřichův Hradec (Neuhaus) – Tábor. Wolfgang und Constanze reisten in Wien am 1. Oktober 1787 ab und trafen am 4. in Prag ein.

Zwar war die Komposition des *Don Giovanni* zu diesem Zeitpunkt in den wesentlichen Teilen vollendet. Bis die Uraufführung stattfinden konnte, war aber noch eine gute Strecke zurückzulegen.

Die Mozarts zogen zunächst wieder in den Gasthof »Zu den drei goldenen Löwen«, am Kohlmarkt 1. Einige Tage später folgten sie der Einladung des Ehepaars Dušek in deren ländliche Villa Bertramka (Mozartova 2/169, Ecke Mrázovka, im südwestlichen Vorort Smíchov, links der Moldau). »Die Landschaft von Smíchov – zu deutsch: Lachende Au – war im Zeitalter des Rokoko das Rokoko an sich. Hier besaßen die Herren des böhmischen Adels ihre Lustschlösser und Lustgärten«, so beschreibt Egon Erwin Kisch die malerische Gegend.[53] Das galante Anwesen der Dušeks, damals zwischen Gärten und Weinbergen gelegen, muß schon zu Mozarts Zeit einen leicht nostalgischen Anstrich gehabt haben, denn der Bau war bereits über hundert Jahre alt. Heute bilden Villa und Garten eine beschauliche Insel inmitten monotoner Siedlungsanlagen. Seit dem Jubiläumsjahr 1987 ist das Haus als Gedenkstätte neu eröffnet.

Mozart hielt sich diesmal über fünf Wochen in Prag auf, denn es gab Probleme mit dem Termin der Uraufführung. Sie war ursprünglich vorgesehen als Festgeschenk der böhmischen Stände für Prinz Anton Clemens von Sachsen und Erzherzogin Maria Theresia, Nichte des österreichischen Kaisers, deren Trauung eben in Florenz stattgefunden hatte und die am 18. Oktober in Dresden ihre eigentliche Hochzeit feiern wollten. Das Datum der Aufführung, der 14. Oktober, stand also fest. Nun aber war das Stück, wie Mozart sofort sah, zu diesem Termin nicht aufführungsreif. Die Schwierigkeiten lagen nicht mehr im Stück selbst. Sie ergaben sich während der konkreten Produktion, der Abstimmung mit den agierenden Künstlern. Das meiste spielte sich nun im Theater ab, in der Detailarbeit mit Sängern und Musikern, Regisseur und Dirigent – eine Tätigkeit, die Mozart nicht überglücklich machte: *daß dies nicht mein lieblingsleben ist, brauche ich ihnen nicht erst zu sagen* (15.–22. 10. 1787). Zur Unterstützung bat Mozart eilig seinen Textdichter Da Ponte nach Prag, der auch am 8. Oktober eintraf, »um die Darsteller in das Werk einzuführen«.[54]

Um das fürstliche Brautpaar zu ehren, entschied man sich auf

Uhelný trh, der Kohlmarkt. Am Haus »Zu den drei goldenen Löwen« erinnert eine Gedenktafel an den Aufenthalt der Mozarts 1787

Weisung des Kaisers für eine *Figaro*-Festaufführung im Ständetheater, »welches bey dieser Gelegenheit auf eine sehr auszeichnende Art enbellirt und beleuchtet« und »durch den Schmuck der zahlreichen Gäste dergestalt verherrlicht« war, »daß man noch nie eine so prachtvolle Scene gesehen zu haben, gestehen muß«.[55] Es dirigierte Wolfgang Amadeus Mozart.

Je näher die Uraufführung rückte, desto nervöser, aber auch produktiver wurde die Spannung. »Mozart bevorzugte, wie wir wissen, eine natürliche, realistische Darstellungsweise. Er liebte das lockere Parlando, die gleichsam improvisierte Lebendigkeit von Gesang und Szene, er liebte das warme Espressivo in den ariosen Partien und starken Ausdruck bei allen Affekten. Die Micelli als Elvira soll er so lange geplagt haben, bis sie, schon unwillig, den richtigen Ton für die heftige Akzentuierung ihrer dramatischen Partie gefunden hatte«. – »Dann wollte sich Caterina Bondini als Zerline nicht entschließen, im ersten Finale den bekannten Schrei auszustoßen. Nach mehreren vergeblichen Versuchen ging Mozart selbst auf die Bühne, ließ die ganze Stelle wiederholen und packte im gegebenen Augenblick die Sängerin unerwartet so derb an, daß sie erschreckt aufschrie«[56] – genau die Nuance, die er haben wollte. Die Uraufführung war zunächst *auf den 24.ten bestimmt, aber eine Sängerin die krank geworden verursachet noch eine Neue verzögerung* (Oktober 1787). Endgültiger Termin: Montag, der 29. Oktober. Zweifellos kam der zweimalige Aufschub der Qualität der Aufführung zugute.

Die Ouvertüre, die aus dem ganzen Werk die Quintessenz zieht, es wie ein Dach schließt und überwölbt, wird, wie ein Dach eben, zuletzt zusammengefügt. Bekannt ist die Legende, die uns erzählen möchte: »Noch in der Nacht vor der Uraufführung ist nicht eine Note auf dem Papier«.[57] Das muß man stark modifizieren. Erstens handelt es sich nicht um die Nacht vor der Uraufführung, sondern um die Nacht vor der Generalprobe, denn bevor die stattfinden konnte, mußte ja noch von den Kopisten das Notenmaterial entsprechend komplettiert werden. Zweitens, vor allem: Mozart hatte, das ist hinreichend belegt, bevor er etwas schriftlich fixierte, die Komposition

Villa Bertramka im Stadtteil Smíchov

normalerweise klar und vollständig vor Augen. Lediglich die mühevolle Niederschrift, und hier vermutlich nur die der letzten Blätter, war in jener vorletzten Nacht vor der Uraufführung nachzuholen. Die Uraufführung fand am 29. Oktober statt, die Partitur der Ouvertüre ist auf den 28. Oktober 1787 datiert.

Ein begeistertes Publikum begleitete die Premiere. Der Zeitungsbericht: »Montags den 29ten wurde von der italienischen Operngesellschaft die mit Sehnsucht erwartete Oper des Meisters Mozard Don Giovanni, oder das steinerne Gastmahl gegeben. Kenner und Tonkünstler sagen, daß zu Prag ihres Gleichen noch nicht aufgeführt worden. Hr. Mozard dirigirte selbst, u. als er ins Orchester trat, wurde ihm ein dreymaliger Jubel gegeben, welches auch bey seinem Austritte aus demselben geschah. Die Oper ist übrigens äußerst schwer zu exequiren, und jeder bewundert dem ungeachtet die gute Vorstellung derselben nach so kurzer Studierzeit. Alles, Theater und Orchester bot seine Kräften auf, Mozarden zum Danke mit guter Exequirung zu belohnen. Es werden auch sehr viele Kosten durch mehrere Chöre und Dekorazion erfordert, welches alles Herr Guardasoni glänzend hergestellt hat. Die außerordentliche Menge Zuschauer bürgen für den allgemeinen Beyfall.«[58]

Mozart selbst am 4. November 1787: *den 29:t ocktb: gieng meine oper D: Giovanni in scena, und zwar mit dem lautesten beyfall. – gestern wurde Sie zum 4 t: Male* |: *und zwar zu meinem Benefice* :| *aufgeführt [...] Ich wollte meinen guten freunden* |: *besonders bridi und ihnen.* :| *wünschen, daß Sie nur einen einzigen Abend hier wären, um antheil an meinem Vergnügen zu nehmen!*

Der Librettist Lorenzo Da Ponte bekam nach Wien einen Brief von Domenico Guardasoni, dem Regisseur: »Evviva Da Ponte, evviva Mozart! Alle Intendanten, alle Bühnenvirtuosen sollen Euch segnen! Solang Ihr lebt, wird man nichts Schlechtes mehr im Theater erleben!«[59] Er erhielt ein Honorar von fünfzig, der Komponist erhielt hundert Dukaten und zusätzlich den Erlös für die in seinem Brief erwähnte Benefizvorstellung.

Den Titelhelden sang Luigi Bassi, der mit 13 Jahren seine

Bühnenlaufbahn angetreten und bereits in Rom, Florenz und Bologna große Partien gesungen hatte. »Seine Stimme ist so wohlklingend, als meisterhaft seine Aktion ist [...] Sobald er auftritt, verbreitet er Freude und Heiterkeit über das ganze Haus.«[60] Da Mozart Luigi Bassi von der Prager *Figaro*-Aufführung kannte, in der er den Grafen gesungen hatte, dürfte er bei der Konzeption des Giovanni auch ihn vor Augen gehabt haben.

Die erste Donna Anna war Teresa Saporiti, auch sie kannte Mozart bereits, sie hatte im *Figaro* die Gräfin gesungen – eine außergewöhnliche Künstlerin, die unter den Sängerinnen »vermöge ihrer Gesangskunst und ihrer Schönheit das größte Ansehen genoß« und die, wie auch Bassi, eine glänzende europäische Laufbahn vor sich hatte. Die Partie der Donna Elvira sang Caterina Micelli, von der wir nur wissen, daß »sie eine treffliche Sängerin des Prager Ensembles gewesen sei«. Die Zerlina sang die jugendliche, wegen ihrer künstlerischen und persönlichen Ausstrahlung umschwärmte Caterina Bondini, die Frau des Intendanten. Der Baßbuffo Felice Ponziani aus Parma stellte den Leporello dar. Da *die truppe klein* war, wie auch Mozart hervorhebt, stand für die Besetzung von Masetto und Komtur nur ein Künstler zur Verfügung, es war Giuseppe Lolli, das einzige etwas ältere Ensemblemitglied.[61]

Die musikalische Leitung der Prager Premiere und auch der unmittelbar folgenden Aufführungen hatte Mozart, die Regie führte Domenico Guardasoni, an der Einstudierung mitbeteiligt war Kapellmeister Jan Kuchař. »Aus seinem Munde« hat der Biograph Niemetschek die nachstehende Anekdote vernommen, übrigens ein Hinweis darauf, daß Mozart – ein Bild, das sich nicht so recht in das heute gängige Mozart-Klischee fügt – auch Spaziergänge machte:

»Einst – (es war nach den ersten Proben seines Don Juan) – gieng Mozart mit dem damaligen Orchesterdirektor und Kapellmeister Herr Kucharz spazieren. Unter andern vertraulichen Gesprächen kam die Rede auf Don Juan. Mozart sagte: Was halten Sie von der Musik zum Don Juan? Wird sie so gefallen, wie Figaro? Sie ist von einer andern Gattung.

Caterina Bondini als Zerline. Scherenschnitt eines unbekannten Künstlers

Kucharz. Wie können Sie daran zweifeln? Die Musik ist schön, originell, tief gedacht. Was von Mozart kommt wird den Böhmen gewiß gefallen.

Mozart. Ihre Versicherung beruhigt mich, sie kommt von einem Kenner. Aber ich habe mir Mühe und Arbeit nicht verdrüßen lassen, für Prag etwas vorzügliches zu leisten. Überhaupt irrt man, wenn man denkt, daß mir meine Kunst so leicht geworden ist. Ich versichere Sie, lieber Freund! niemand hat so viel Mühe auf das Studium der Komposition verwendet als ich.«[62]

Teresa Saporiti als Donna Anna. Scherenschnitt eines unbekannten Künstlers

Die Stadt Prag, die Prager Theaterleute und Musiker fühlen sich seit dem Tag der Uraufführung bis heute für »ihre« Oper, den *Don Giovanni,* verantwortlich, haben sich mit ihr, der »Oper aller Opern«, identifiziert und sorgen für die stete künstlerische Gegenwart der Oper in Prag. Seit der Premiere 1787 gibt es in Prag mindestens alle zehn Jahre eine neue *Don-Giovanni*-Produktion, in tschechischer, deutscher oder italienischer Sprache: Carl Maria von Weber dirigierte den *Don Giovanni* 1814, Bedřich Smetana 1867, Gustav Mahler 1885, Georg Széll 1932 und 1933, Jaroslav Krombholc 1969 und 1975. Mozart selbst hatte in seinem letzten Lebensjahr, am 2. September 1791, noch einmal eine Aufführung des – so diesmal der Titel – »komischen Singspiels« *Don Giovanni* geleitet.

Magische Kulissenbühne

Der denkwürdige Prager Erfolg Mozarts und seiner Opern hängt noch mit einem weiteren Glücksfall zusammen, der selten beachtet wird.[63] Das junge Prager Ständetheater war mit einer komfortablen Bühne ausgestattet, deren für ihre Zeit hochmoderne Technik eine Opernaufführunge zur Verzauberung der Sinne und Entrückung der Zuschauer machen konnte. Es ist die Kulissenbühne, die – in Florenz und Padua erfunden – überall, wo sie eröffnet wurde, Bewunderung, Jubel und Begeisterung auslöste.[64]

Die leicht ansteigende Bühne ist durch rechts und links je fünf oder sechs hintereinander gestaffelte, perspektivisch bemalte Flächen begrenzt, die so leicht dreh- und austauschbar sind, daß sich der Raum auf offener Bühne verwandeln läßt. Der Zuschauer wird durch die suggestive Optik des Bühnenraums zur Konzentration überredet, gleichsam magisch in die Handlung hineingezogen. Besonders die Möglichkeiten der Raumverwandlung erzeugen eine Welt der Illusion, des Hokuspokus, des Traums, der Utopie, der märchenhaften oder auch unheimlichen Phantasien oder Visionen. Das Ständetheater war mit der kompletten hölzernen, an den damaligen Schiffsbau erinnernden Maschinerie ausgerüstet, die zur Bedienung des Kulissensystems erforderlich war. Durch Zwischenprospekte wurde zwischen kurzer und langer Bühne gewechselt, das ermöglichte ein pausenloses Durchspielen des ganzen Stücks.

Die Dekoration der *Don-Giovanni*-Uraufführung stammte von dem prominenten Josef Platzer[65]; Stiche und Zeichnungen geben uns einen Eindruck von seinem Stil, der durch klassizistisch-antikische Strenge überrascht.

Und wie haben sich Mozarts Gestalten zu Lebzeiten des

Bühnenbilder von Josef Platzer

Komponisten auf der Bühne bewegt? Die (bruchstückhafte) Überlieferung gibt uns einige Hinweise. Die Personen mit höherem sozialem Status haben die Tendenz, in der Mitte oder im Hintergrund der Bühne zu bleiben. Ihre Gestik ist sparsamer, ihr Pathos verhaltener. Die Personen niederen Ranges bewegen sich eher im Vordergrund, ihre Gesten sind reicher, der Gefühlsausdruck direkter. Die großen Arien werden vom Zentrum der Bühne aus gesungen. Dieser szenischen Hierarchie entsprechend ist anzunehmen, daß Figuren wie Zerlina und Masetto überwiegend auf der Vorderbühne auftraten, daß ein Leporello, ein Papageno ganz an die Rampe kommen konnte, während sich Szenen zwischen Don Giovanni und Donna Anna oder Tamino und Pamina im Mittel- und Hintergrund abspielten. Die hinterste Bühne öffnet sich für Traumszenen, Begegnungen mit himmlischen und jenseitigen Erscheinungen, hier bewegt sich die Königin der Nacht, dies ist auch der Ort für Don Giovannis Höllenfahrt.

Musische Begegnungen

Wie ein leicht absurdes Satyrspiel auf dem Hintergrund des festlichen *Don-Giovanni*-Geschehens mag es erscheinen, daß eine der großen zwielichtigen, legenden- und schwindelumwobenen Randfiguren des Jahrhunderts mit von der Partie war: Giacomo Casanova, eine Art subtilerer italienischer Doppelgänger des derberen, radikalen Spaniers Don Juan. Ob er sogar als eine Art Gastdramaturg in den letzten Tagen vor der Premiere mitmischte, wissen wir nicht – die Vermutung wurde geäußert,[66] läßt sich aber durch nichts belegen. Zweifellos saß Casanova, Freund des Theaterdirektors Bondini, auf einem Ehrenplatz unter den Premierengästen.

Casanova, Venezianer wie sein Freund Da Ponte, Sohn einer großen Schauspielerin und eines Theaterdirektors, hochtalentierter Schriftsteller, Mathematiker, Chemiker und Alchimist, Geldmann, Bücherliebhaber, bravouröser Liebhaber und in allem, was er betrieb, Künstler: Soeben, im gleichen Jahr 1787,

Giovanni Giacomo Casanova. Kupferstich von L. Berka

war sein Erfolgsbuch über seine abenteuerliche Flucht aus dem Gefängnis des Dogenpalasts erschienen (wo er einst wegen Verdachts der Spionage inhaftiert war), und zwar in Prag. Diesmal galt sein Prag-Besuch wiederum in erster Linie dem Verleger, der nun seinen – erstaunlich modernen – utopisch-phantastischen Roman »Icosaméron« druckte. Casanova verkehrte in denselben Kreisen, in denen sich auch Mozart bewegte, so war etwa das Haus des Grafen Pachta beiden vertraut. Daß Casanova sich während der Premierentage mit Mozart traf, ist sicher. Wie die Begegnung zwischen dem hünenhaft großen 62jährigen Kavalier und Schwadroneur und dem genau halb so alten, schmächtig gewachsenen, schöpferische Hochspannung ausstrahlenden Musiker ablief, können wir nur erahnen. An Themen gab es zwischen den beiden Kosmopoliten, genialen Erzählern und Psychologen keinen Mangel.

Wie hat Casanova Mozarts Oper erlebt? Wenn Don Giovannis Verführungstricks und -mißerfolge schonungslos auf der Bühne ausgestellt wurden, wenn die »Register-Arie« erklang, wenn sich der schlaue, unterwürfige Diener Leporello produzierte: Mußte er nicht sich selbst und seinen eigenen Diener Costa wie aus einem gespenstischen Spiegel herauslachen oder -weinen sehen? Erlebte er das Stück als einen Mythos auf sein eigenes Leben, als eine Farce, als eine Parodie oder als eine Umkehrung?

Daß sich Casanova intensiv mit dem Stoff beschäftigte, beweist eine witzige Variante, die er zu einer Passage des Da-Ponte-Librettos schrieb – das Textfragment ist erst vor fünfzig Jahren entdeckt worden. Hat er es vor der Premiere verfaßt, war es also für die Aufführung bestimmt, oder entstand es nach der Premiere? Wie dem auch sei: Bei der Konfrontation mit der Oper muß den feinen Gauner der Hauch eines beunruhigten Gewissens gestreift haben, denn er ergreift in seinem Text die günstige Gelegenheit, lauthals den Frauen die Schuld an allem Unglück der Männer zuzuschieben: »Die ganze Schuld hat doch dieses weibliche Geschlecht, das ihm die Seele verzückt und ihm auch noch das Herz verzücken wird. O verführerisches Geschlecht! Ursprung des Schmerzes!« Allerdings glaubt er wohl selbst nicht so ganz an die Überzeugungskraft dieser Theorie, und so dreht er den Spieß gleich darauf um und fordert, um von anderen Herren abzulenken, drakonische Maßnahmen gegen Don Giovanni: »An den Galgen! An den Galgen!« Die Verfolger lassen jedoch mit sich handeln und schlagen ersatzweise vor: »Auf die Galeere! Auf die Galeere!«, was sie schließlich in die mildeste Strafe umwandeln: »Werde Straßenfeger!«[67] Mozart hat Casanovas Textbaustein wohl nie verwendet.

Vier Tage nach der großen Premiere entstand Mozarts Gastgeschenk für seine musikalische Gastgeberin Josepha Duškova: die umfangreiche, stürmisch bewegte Abschiedsszene *Bella mia fiamma, addio* … (KV 528) für Sopran und Orchester. Es gibt über die Entstehung des Stücks eine kleine pfiffige Geschichte, für deren Echtheit Mozarts Sohn bürgt. Der Künstler hatte die Niederschrift immer wieder verschoben, da sperrte ihn Josepha »in einem Gartenzimmer auf der Bertramka einfach ein und erklärte, ihn nicht eher herauszulassen, als bis die Arie fertig sei. Mozart ging nun zwar an die Arbeit, sagte aber, er gebe ihr die Arie nicht, wenn sie sie nicht vom Blatte rein und richtig sänge. Das war durchaus nicht so leicht, denn er hatte im Andante auf die Worte ›quest' affanno, questo passo è terribile per me‹ die Melodie der Singstimme in so ungewöhnlichen Intervallen über einer ebenfalls auffallenden Harmonik geführt, daß allerdings eine sattelfeste Sängerin dazu gehörte, um diese Aufgabe vom Blatt zu lösen. Als Ganzes gehört die Arie zu den bedeutendsten ihresgleichen.«[68]

In der letzten Prager Woche zeigte Josepha Duškova dem Komponisten das bekannte Kloster Strahov. Es liegt auf der Kleinseite im Bergsattel zwischen Hradschin und Laurenziberg

Kloster Strahov. Federzeichnung von J. Schimmel, um 1780

(Strahovské nádvoří/Strahover Platz). Sie führte ihn in die Klosterkirche Mariä Himmelfahrt – eine mächtige, ursprünglich romanische Basilika, die aber rund dreißig Jahre vor Mozarts Besuch umfassend barockisiert wurde: Die imposante Fassade ist reiner Spätbarock, im Innern schaffen das blühend geschmückte Gewölbe und die in schwerem Marmor und Gold gehaltenen Altäre ein Raumgefühl von Pathos und Glanz.

Was hat Mozart in einem solchen Raum empfunden? Seine sehr sparsamen Andeutungen über Städte und Bauwerke lassen die Vermutung zu, daß er alles Finstere, Enge haßte (Nürnberg sei häßlich, auf Bozen reimt er nur fozen), daß ihn alles Weiträumige, Lichte, wie etwa das Barockstift Kremsmünster, begeisterte.[69] Er hat die künstlerische Dramatik, das Funkelnde und Festliche eines solchen Kirchenraums, so können wir unterstellen, neugierig und mit Vergnügen aufgenommen.

Das eigentliche Ziel des Spaziergangs aber war die berühmte Orgel der Kirche, mit 41 Registern und 3087 Pfeifen die größte weit und breit. Der Organist Norbert I. Lehmann berichtet über diese Begegnung: »Nun bekam er Lust, die Orgel selbst zu schlagen. Er bestieg den Sitz und machte pleno choro durch beiläufig vier Minuten meisterhafte Akkorde und ließ durch diese jeden Kenner wahrnehmen, daß er mehr als ein gemeiner Organist sei [...] Nun fing er ein vierstimmiges Fuga-Thema an, welches um so schwerer auszuführen war, weil es und die Verfolgung desselben aus lauter Mordanten bestand, welche auf einer so schwer zu drückenden Orgel außerordentlich hart auszudrücken sind [...] Er gab jeder Stimme, wenn sie das Thema in einem andern Tone wiederholte, ihr Recht, welches hauptsächlich beim Tenor zu bewundern war.«[70] Lehmann hat Teile dieser Improvisation nachträglich aus dem Gedächtnis niedergeschrieben (Orgelphantasie KV 528a).

Es gibt da noch ein anderes Prager Rendezvous Mozarts. Dieses Rendezvous ist nicht überliefert, es ist erdacht. Allerdings ist es unmöglich, daß es nicht stattfand: die Begegnung mit einer Uhr.

Ein Prager, besonders ein kunstsinniger, versäumt es auf keinen Fall, seinem Gast die sagenumwobene astronomische Uhr am Altstädter Rathaus zu zeigen (Staroměstké náměstí 3). Mozart wurde von seinen Prager Freunden, seien es die Dušeks, seien es Graf Thun oder Graf Canal, seien es die Leute vom Ständetheater, wie etwa Jan Kuchař, der Kapellmeister, auf dieses zarte Prager Juwel aufmerksam gemacht, und er hat es, kein Zweifel, eingehend studiert. Nicht nur die mathematische Präzision dieser Sternenuhr, sondern auch die Vielfalt der schwebenden kosmischen Phänomene, die sie zu lesen aufgibt, muß ihn fasziniert haben. Darüberhinaus aber: Mozart war Fachmann.

Ein stahlnes Gelächter (I, 8) heißt in Mozarts *Zauberflöte* das Glockenspiel Papagenos. Was Papageno darauf spielt, ist eine feine kindliche Melodie und ahmt die eher formelhaften Töne eines Glockenspielautomaten nach, wie sie seit der Renaissance manche Türme zierten und zum Klingen brachten. Eine Fortentwicklung sind die Flötenuhren (Spielorgeln) des 18. Jahrhunderts. Mozart schrieb mehrere Stücke für solche Maschinen; seine Phantasie f-Moll *für eine Uhr* (KV 608) bezeichnet Alfred Einstein als eine »Krone der Bemühung [Mozarts] um die Fuge« überhaupt.[71]

Schon aus kollegialer Wißbegier interessierte sich Mozart also für die Prager Himmelsuhr, orloj ist ihr tschechischer Name. Enstanden ist sie im 15. und 16. Jahrhundert nach paduanischem Vorbild. Sie zeigt die Zeit der böhmischen und die Zeit der europäischen Sphäre, die Abläufe der Sonnensphäre und der Mondsphäre und die Sphäre des Tierkreises. Darüber hinaus lenkt sie den Geist des Betrachters auf das Schicksal der Vergänglichkeit, auf das Vergessen und den Tod, der aller kreisenden Zeitlichkeit nahe ist. Max Brod überliefert, daß diese Uhr beim Tode Kafkas stehengeblieben sei.[72]

Astronomische Uhr am Altstädter Rathaus,
unten: die Monate in allegorischen Bildern,
oben: Uhr, Kalender, Sonne-, Mondumlauf und Tierkreis

Jeden Tag zur Mittagszeit öffnet sich »ein Türchen, und heraus treten, einer nach dem andern, die zwölf Apostel; stumm [...] verschwinden sie wieder, verdrängt von einer dreizehnten Gestalt, dem Tod mit Hippe und Sandglas [...] und über ihm kräht der Hahn der fernen Auferstehung wie eine Prophezeiung der Apokalypse«, so berichtet Meyrink.[73]

Das Spiel dieser Sphärenuhr berührt mindestens zwei Saiten in Mozarts geistiger Welt. Die eine ist der Gedanke an den Nachbarn Tod, der hier so sachlich wie souverän seine Arbeit tut, der Tod, zu dem Mozarts *Don-Giovanni*-Musik immer wieder zurückkehrt. Die andere ist die makrokosmische Einsicht der Renaissance, die hier lebendig ist und die Mozart zumindest beiläufig bekannt war. Der Impuls, aus dem diese Uhr entstand, ist die Betrachtung der Schönheit des Universums, in Giordano Brunos Worten: »Die Welt ist vollkommen, weil sie Gottes Leben ist.«[74]

Eine direkte Brücke führt von dieser Uhr zur Physik des Hofastronomen Johannes Kepler. Sein in Prag konzipiertes Hauptwerk heißt »Weltharmonik« (1619). Es greift das pythagoreische Wissen um die Musik der Sphären auf und entschlüsselt die Planetenbewegungen mathematisch als Akkorde der »Weltenorgel«, Phänomene des lichten »göttlichen Spiels«.[75]

Natürlich war seit der Renaissance Dantes Beschreibung des Engelschors bekannt, dessen »Sang nur Nachklang ist vom Lied der ewigen Sphären«.[76] Bei Shakespeare kehrt dieses Element wieder: »Auch nicht der kleinste Kreis, den du da siehst, Der nicht im Schwunge wie ein Engel singt, Zum Chor der hellgeaugten Cherubim. So voller Harmonie sind ewge Geister: Nur wir, weil dies hinfällige Kleid von Staub Uns grob umhüllt, wir können sie nicht hören«.[77] Das Pythagoreische Wissen um die unhörbare und doch klingende Harmonie der Sphären war einem gebildeten Kopf und Musiker wie Mozart zweifellos vertraut. Es war ein selbstverständlicher Besitz des klassischen und romantischen Denkens – am bekanntesten wohl in den Worten, mit denen Goethe seinen »Faust« eröffnet: »Die Sonne tönt nach alter Weise ...«

Aus dieser Welt der Zwischentöne zurück auf die steinige Straße, auf der Mozart und die gerade hochschwangere Constanze von Prag zurück nach Wien zogen. Sie traten ihre Heimreise am 12. (oder 13.) November 1787 an. (Das vierte Kind, Therese Constanze, kam am 27. Dezember zur Welt und starb ein halbes Jahr später.) Vielleicht hat der befürchtete nahe Tod Christoph Willibald Glucks die Reise beschleunigt, vielleicht hat Mozart an dem großen Leichenbegängnis teilgenommen, wir wissen es nicht. Gluck starb am 15. November, dies war der Anlaß dafür, daß Mozart Ende 1787 in der Nomenklatur des Wiener Hofes endlich zum »k. u. k. Kammermusicus« avancierte.

Don Giovanni

Versuchen wir, einige Schritte in die Tiefen dieser von den Pragern bestellten, für sie geschriebenen, vom Prager Erfolg gekrönten Oper zu tun. Ist es nur die Verschlagenheit und Unverschämtheit, ist es das Rabiate, ist es das Infame, ist es das Moderne, oder ist es alles zusammen und die irisierende Vieldeutigkeit dieser Gestalt – der Mythos von Don Juan fasziniert die Philosophen, Dichter, Theaterleute, Künstler aller Kreise, seit er erfunden wurde. Eine brillante, ständig die Tabus ringsum aufsprengende Geschichte, ein Stoff, der über fünfhundert literarische Bearbeitungen hervorgebracht hat.

Den romantisch enttäuschten Idealisten sieht E. T. A. Hoffmann in ihm, der Verführer aus Gefühlsarmut ist er bei Miguel de Unamuno, als einen niederträchtigen Sadisten zeichnet ihn Balzac. Th. Rittner macht ihn zum Wohltäter der Frauen, bei Stendhal leidet er unter dem Ekel der Übersättigung.[78] Eine Geschichte, aus der ganz widersprüchliche, wilde, vielleicht bizarre Farben zu entfachen sind und die zugleich vor einem tödlich schwarzen Hintergrund steht. Woher kommt sie, wie ist sie entstanden?

Mythos und Oper

Zwei Sagen sind da raffiniert ineinander verschlungen. Die eine erzählt von den Abenteuern eines radikalen Außenseiters, der alle Werte verspottet und Grenzen bricht. Der Tod konfrontiert am Ende den Skrupellosen mit sich selbst. Der andere Sagenkreis berichtet vom redenden Stein. Hier schimmern magische Rituale durch. Beide Linien reichen in europäische Tiefen. Zu einer bündigen Geschichte zusammengesehen also ein Stoff, der das Zeug zur großen Vision hat.

Kein Zufall, daß der spanische Barock der räumliche und

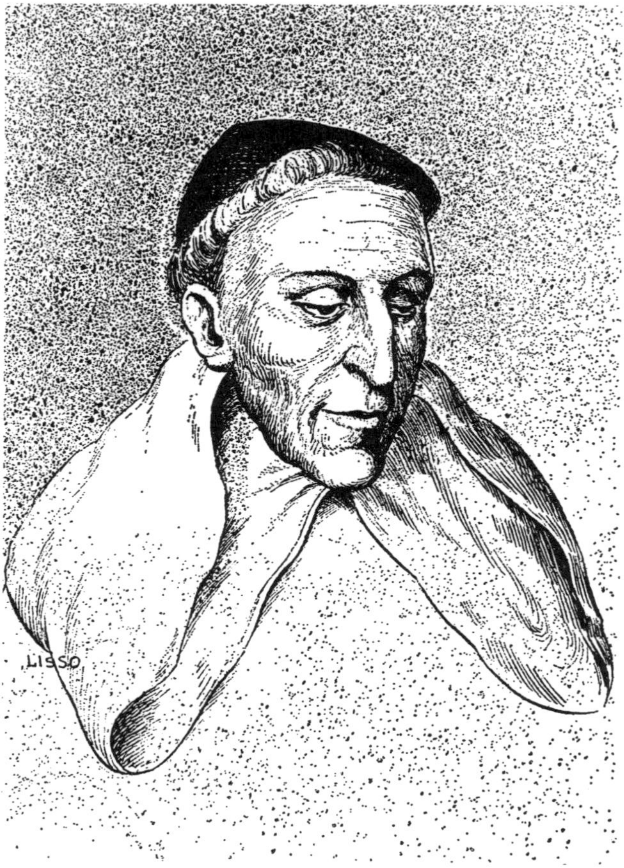

Tirso de Molina, spanischer Mönch, schuf u. a. den Ur-Don-Juan.
Radierung eines unbekannten Künstlers
nach einem verschollenen Porträt

zeitliche Schnittpunkt war, in dem das fertige Stück aus dem Dunkel der Tradition auftaucht. Der Autor Tirso de Molina (1584?–1648), Mönch und Klosterprior, war ein psychologisch wie dialektisch geschliffen arbeitender Dramatiker. Sein »Spötter von Sevilla« (1613 aufgeführt) enthält bereits alle entscheidenden Bauelemente. Spätere Bühnengestaltungen bauen um, verrücken die Beleuchtung – die dramatische Energie des Ur-Don-Juan erreichen erst wieder Mozart und Da Ponte.

Wir überspringen etliche Don-Juan-Stücke, auch die von Molière 1665 und Goldoni 1736. Wichtig für uns ist die Oper in einem Akt »Don Giovanni o sia Il Convitato di pietra«, deren Text Giovanni Bertati verfaßte, die im Februar 1787, neun Monate vor Mozarts Oper, in Venedig uraufgeführt wurde. Denn an Bertati knüpft Mozarts Oper an.

Der Auftrag, den Mozart in Prag erhielt, war genau umschrieben. Guardasoni, der Prager Regisseur, schlug nicht nur das Thema *Don Giovanni* vor, sondern besorgte auch das Textbuch Bertatis, das der venezianischen Oper zugrunde gelegen hatte. Allerdings bestand Mozart im Hinblick auf die dramatische Dynamik des Stücks darauf, daß der Text von Grund auf umgearbeitet würde, und zwar durch seinen bewährten künstlerischen Partner Lorenzo Da Ponte.[79] Der Stoff war dem Publikum der Zeit durchaus geläufig: für Mozart und Da Ponte eine Herausforderung, die seltsame Geschichte noch einmal ganz neu zu begreifen und sie gefährlicher, blitzender zu erzählen. Es lohnt sich, an dieser Stelle etwas genauer auf die Person des genialen Librettisten zu einzugehen.

Mozart lernte Lorenzo Da Ponte 1783 kennen. Lorenzo, im italienischen Ghetto geboren, getauft, zum Priester erzogen, schrieb 43 Libretti, die Mozart, Salieri und andere vertonten. Der professore di humanita war bestens vertraut mit der antiken und italienischen Literatur, er war ein begabter Poet, und: Er hatte bereits als 35jähriger die Welt, auch die Halbwelt, gründlich kennengelernt, war in Intrigen, Korruptionen, Gefahren, Spiele so tief eingetaucht, daß er die wahrscheinlichen und die unwahrscheinlichen Möglichkeiten der menschlichen Komödie von innen kannte und zeigen konnte. Er war kooperativ und beweglich genug, um sich mit einem so eigenwilligen Geist wie Mozart in allen Nuancen abstimmen zu können.

Obschon Mozart es ihm nicht leicht machte, denn er war der Ansicht, *bey einer opera muß schlechterdings die Poesie der Musick gehorsame Tochter seyn* (13. 10. 1781). Wenn wir, mit Wystan H. Auden, die Aufgabe des Librettisten vor allem darin

Lorenzo Da Ponte. Porträt eines unbekannten Künstlers nach Nathan Rogers

sehen, »die musikalische Imagination des Komponisten anzureizen«,[80] dann war Lorenzo Da Ponte für Mozart der ideale Zuarbeiter.

Seine Libretti heben sich von den zeitgenössischen deutlich ab – durch die hohe Musikalität, Musikbezogenheit und Musiknähe der Texte, durch den Witz, den »pointierten, hintergründigen Sprachstil« und die »gallisch-satirische Aggressivität« des Denkens.[81] Sein wichtigster Vorzug aber war die theatralische Präzision der Stücke, der dramatisch sicher zupackende Aufbau.

Ein bedeutender Theater-Aspekt im modernen Sinn, und

auch hier stimmen Komponist und Textdichter ingeniös zusammen, ist die wertfreie Zeichnung der Personen. Das Urteil über sie trifft der Zuschauer, und es wird, wie in der Wirklichkeit, oft zwiespältig sein. Für seinen *Don-Giovanni*-Text hat Da Ponte, etwa zur Hälfte, Bertatis Libretto als Vorlage benutzt. Er hat allerdings nicht einen Vers direkt übernommen. Jedes Detail hat er schärfer, jede Figur farbtiefer, jede Begegnung eindringlicher gestaltet. Bertatis dramatischer Trick – der Komtur taucht nicht erst am Ende auf, sondern ist sofort zu Beginn des Stücks präsent – entfaltet die theatralische Wirkung erst voll bei Da Ponte. Er gibt dem Drama die quasi mathematische Genauigkeit, zwingt ihm, weil es nun mit der Katastrophe beginnt, Nervosität und ein schneidendes Tempo auf und macht den Schluß unabwendbar.

Ist diese Oper nun eine Tragödie, eine Komödie, ein ernstes Spiel, ein mahnendes Spectaculum? Sie beginnt mit einer Tragödie (Tod des Komturs) und endet tragisch (Tod des Titelhelden). Auf der anderen Seite steckt das Stück voll komödiantischer Brisanz, von der Figur des Dieners über den Kleidertausch bis zum Maskenfest, von der Bestechung bis zum genarrten Verführer. Das Libretto sprüht von Anspielungen, Spitzen, Sprachspielen. Der hinreißende Zauber der Musik und ihre im Wechsel der Beleuchtungen, Farben, Kontraste, Verwandlungen entstehende Vielfalt stellt nicht eigentlich Spaß her, sondern etwas, das man treffender eine lichte Heiterkeit nennen könnte.

In der Partitur wird das Stück als *Dramma giocoso* bezeichnet. Der Begriff läßt sich, im Anschluß an neue Untersuchungen, als Modifikation der heiteren, der Opera Buffa verstehen, eine Modifikation nach dem Subtilen, »Edleren« hin. Die ernstere, psychologische Komponente verleiht dem »vergnüglichen Drama« das moderne Licht.[82] Wie so oft bei Mozart bestätigt sich hier einmal mehr der Satz (eine Variation nach Huizinga): Während der Ernst den Abstand zur Heiterkeit sucht, hat umgekehrt die Heiterkeit durchaus die Kraft, den Ernst einzubeziehen. Die Heiterkeit ist das höhere Gut.[83]

Luigi Bassi, der Titelheld, bei der Canzonetta (II, 3 Nr.16)
in der Uraufführung des *Don Giovanni* 1787,
Kupferstich von Medardus Thoenert

Das Stück ist so komponiert, daß der Bogen der dramatischen und der musikalischen Spannung vom ersten Atemzug unaufhaltsam bis zum gespenstischen Höhepunkt und Ende der Oper führt. Gleich die Ouvertüre beginnt mit denselben schwer-metallenen Klängen, die dann am Ende der Oper ihre tödlich schneidende Schärfe entfalten. Nach der Ouvertüre setzt die Handlung im Krimitempo ein: Der Titelheld tötet, in der ersten Szene, den Komtur im Duell. Giovanni, der sieggewohnte Liebhaber, ist in diesem zugleich böse-vergnüglichen Drama ein Pechvogel, das gilt vor allem für seine märchenhafte letzte Liebesbegegnung mit Zerlina. Der erste Akt gipfelt in Giovannis Maskenball, auf dem seine drei Todfeinde als maskierte Rätsel erscheinen. Die unvermeidliche Folge ist das jähe Ende des Festes.

Gegen Ende des zweiten und letzten Aktes setzt die grandiose Schlußdramatik der Oper ein. Die Katastrophe, auf die alles zusteuert, spielt bei festlicher Abendtafel mit Fasan, Wein, Musikanten. Das unerwartet – erwartete Erscheinen des steinernen Gastes signalisiert den Untergang Giovannis. Mit dem *Ah* des Todes fährt er in das Inferno nieder.

Zu der von Mozart geleiteten Prager Premiere gehörte auch die eher gedämpfte »Letzte Szene«. Sie kann als ein gesundes Auftauchen aus dem Alptraum des Finales erlebt werden, eine ernüchternde Rückkehr in den Tag. Die Personen des Stücks verabschieden sich, jeder auf seinen mehr oder weniger glücklichen oder auch grauen Weg. Ein verhaltenes, »philosophisches« Licht liegt über diesem Schluß.

Die Träger der Botschaft

Ein Textbuch muß so sein, *wie ich es will – auf ein haar* (26.9. 1781). Das bedeutet: Mozart hat nicht nur über die Gestalt, das Tempo, das geistige Gewicht des Werkes entschieden. Er hat vor allem die Personen der Oper geschaffen. Über sie fließt die differenziertere Aussage der Oper, sie sind die eigentlichen Träger der Botschaft. Um das Werk zu verstehen, müssen wir die Personen verstehen, aus denen es besteht, von ihrer Strahlkraft lebt das Stück.

Weit aus am nächsten zu Giovanni steht – auch wenn es oft nicht so scheint – *Elvira,* seine Braut. Sie fühlt sich als Giovannis Besitz, sonst würde sie seine schändliche Art nicht so routiniert zur Kenntnis nehmen. Umgekehrt erhebt sie unbeirrt Besitzanspruch auf ihn:

Falls ich den Gottlosen wiederfinde
– und er kehrt nicht zu mir zurück –
Ich richte ein furchtbares Gemetzel an,
Ich reiße ihm das Herz heraus. (Nr. 3)

Allein die Formel *Ich reiße ihm das Herz heraus* singt sie zwölfmal. Sie bekäftigt ihren Urteilsspruch in der Warnung an Zerlina: *O flieh den Verräter, Nimm ihm seine Worte nicht ab – Seine Lippen sind Lügner, Falsch ist das Auge* (Nr. 8). Die streng polyphone, hochbarocke musikalische Form gibt den Worten vollends das Pontifikale, »Amtliche«, das dann Zerlina einschüchtert. Elvira klagt ihr heiliges Recht auf ihn ein und warnt zugleich vor ihm.

Wenn Giovanni später, charmant, wie nur ein (Fast-)Ehemann sein kann, ihr den Wahnsinn direkt bescheinigt (I, 12), hat das einen doppelten Sinn. Er will ihren Vorwürfen den Boden entziehen. Andererseits trifft das Wort *wahnsinnig* beim Zuschauer, der Elviras radikale Seite kennengelernt hat, durchaus auf ein Echo. Es signalisiert die Spannweite dieser Frau. Und wirft zugleich ein Licht zurück auf den, der es ausspricht, Giovanni, dem es, wie der Verlauf der Oper zeigt, ebenfalls nicht an Wahnsinn mangelt. Das ist es ja auch, was Elvira so verzweifelt an Giovanni fasziniert.

Die Größe der Elvira ist eine andere als etwa die der rächenden antiken Heroin. Ihre Zerrissenheit trägt moderne Züge. Sie leistet sich keinen Stolz. Sie will, ohne Rücksicht auf sich selbst, alles, seine Schuld und ihre Lage, allen offenbaren (I, 12). Sie greift, nach aller Enthüllung, noch im letzten gespenstischen Moment wie hilfesuchend nach dem Gedanken des Mitleids mit ihm (II, 14). Elvira ist die einzige wirklich tragische Gestalt in diesem Stück.

Die Person der *Donna Anna* haben Mozart und Da Ponte mit einigen Rätseln umgeben, die sie noch interessanter machen, als sie schon ist. Beliebt ist das Guckloch-Ratespiel um die verfängliche Szene am Beginn der Oper: Wie, konkret, war denn nun der »Ausgang des erotischen Spiels [...] im Nebengemach«[84], hat er sie gehabt oder nicht? Zur Raffinesse des

Stücks gehört aber gerade, daß die Frage nicht im platten Sinn beantwortet wird. Anna gibt, im Gegensatz zu Elvira, ihr Inneres nicht preis. Sie ist unbedingt stolz. Mit dem Stolz verbindet sich die Trauer zur Dunkelheit ihrer Erscheinung.

Unsichtbar im Mittelpunkt des Duells zwischen Giovanni und dem Komtur, ihrem Vater, steht Anna, es geht ja um sie. Die Waffengänge werden vom Orchester genau vorgeschrieben, bis ein scharf dissonant aufrauschender Akkord den Fall des Komturs anzeigt. Ist Giovanni aber ein *Mörder* (I, 3), ein *Henker* (I, 13), wie Anna ihn verurteilt? Er hat das Duell dreimal abgelehnt, der Komtur hat dreimal darauf bestanden. Mit ihren Worten rückt Anna ihr Racheprogramm und sich selbst in ein Zwielicht. Es ist nicht im Geist der Oper, solche Rätsel aufzulösen, das Schweben der Dinge gibt ihr die Leichtigkeit über den Tiefen, die darum nicht flacher werden.

Die »dunkle Kammer«, wichtige Station bei der Einführung des »Suchenden« in den Maurertempel

Wenn Anna also die Blutrache im magischen, irrationalen Sinn sucht, muß man ihrem Bild Züge des Gefährlichen, Hintersinnigen hinzufügen. Eine weitere Dunkelheit, die Anna um sich legt, ist (II, 12) ihre Bitte um eine Pause in der Beziehung zwischen ihr und Ottavio. Das Textbuch schreibt *düstere Kammer* vor. Die Szene stellt eine Stimmung her, wie sie etwa entstehen kann, wenn Liebe die Distanz nicht aus-, sondern einschließt. Am Schluß der Oper bekräftigt Anna ihre Bitte: Sie braucht ein Jahr des Atemholens *(sfogo)* für ihr Herz. Zugleich erneuert sie ihr Versprechen der treuen Liebe. Die musikalische Form bürgt für die Wahrheit dieses Versprechens.

Der Gedanke der Selbstbeobachtung und Selbstklärung war im 18. Jahrhundert, seit sich im Pietismus mystische Erfahrung mit aufgeklärter Reflexion verbanden, virulent: Annas Entscheidung, vor die Bindung an Ottavio ein nachdenkliches Jahr zu stellen, ließe sich schon aus dem allgemeinen »Lernklima« der Zeit nachvollziehen.

Es gibt jedoch einen noch näheren Zusammenhang. Der Weg der Klärung und Befreiung ist ja ein zentrales Thema der *Zauberflöte*. Freimaurerisch ist, daß während des ganzen *Don-Giovanni*-Stücks in Annas Worten ständig der Tod wiederkehrt.[85] Und auch die *düstere Kammer*, in der Anna ihren Plan vorlegt, weist auf freimaurerische Elemente: Die »dunkle Kammer« ist (s. Bild S. 79) im Freimaurertempel der Vorbereitungsraum; der dunkle Farbton deutet nicht auf Trauer, sondern auf Sammlung.

Anna geht den Weg der *Klärung des Herzens*. Daß dieser Gedanke schon in *Don Giovanni* erscheint, ist wie ein Ausblick auf *Die Zauberflöte* und ein weiterer Beleg für Mozarts freimaurerisches Engagement.

Zerline ist sehr viel mehr als ein verspieltes, naives Bauernkind. Sie ist eine wache junge Frau und vertritt in der Oper die gesunde diesseitige Intelligenz. Wie kann es ihr, der Klaren, auch Klugen, passieren, diesem von Anfang an so fragwürdigen Kavalier ins Netz zu gehen? Es ist das Undurchsichtige und, im Unterschied zu ihrem Bräutigam, Unsolide: *Ich weiß, daß ihr Kavaliere es mit Frauen selten redlich und ernst meint* (I, 9). Und

Don-Giovanni-Inszenierung von 1991 im Prager Ständetheater, Alice Randová als Zerline, Andrej Besčasnyi als Don Giovanni

es ist die Sicherheit, mit der er auftritt und ohne Skrupel zugreift, eine erstaunliche Souveränität. Das narkotisiert sie, behext sie. Zwar nimmt sie ihm gewiß die Heiratsabsicht nicht ab, die er ihr gleich zweimal vorträgt, doch: Die vollendete Erscheinung des schönen Betrügers, der Glanz seiner Lüge ist es, was sie wie eine Welle wegträgt zu einem mehr geträumten als wachen Abenteuer, dessen Reiz im offenen Ende liegt.

Tatsächlich gelingt es Giovanni nicht, Zerline zu unterwerfen. Weil die Zufälle es so steuern? Aber gehen nicht die Zufälle ihres Lebens letztlich auf sie selbst zurück? Auf ihr Herz, das sie leitet?

Giovannis großer Maskenball beginnt damit, daß Schokolade, Sorbet, Konfekt aufgetragen werden. Aber so wird es nicht immer weitergehen – das schmecken Zerline und Masetto voraus (I, 20): *Zu süß beginnt die Szene, Bitter könnte sie ausgehen.*

Den Auftakt zum Fest bildet dann die laute Ausrufung der Freiheit durch den Gastgeber:

> *Don Giovanni: Das Fest ist eröffnet, alle sind eingeladen.*
> *Hoch lebe die Freiheit!* (I, 20)

Das Signal wird von den drei maskierten Gästen (die dazu nicht gefragt waren!) sofort aufgegriffen, gründlich wiederholt und in ein neues, scharfes Licht gerückt. Die knisternde Spannung besteht darin, daß Giovannis Worte und die Worte der drei Masken dieselben sind, aber etwas Verschiedenes meinen. Die Masken (Anna, Elvira, Ottavio) meinen die große, die politische Freiheit (sie sind ja vereint in dem Ziel, mit Giovanni abzurechnen). Giovanni meint die kleine, die Freiheit von der Verantwortung, die Rücksichtslosigkeit und scheinbare Schicksallosigkeit des von sich selbst Besessenen. Der Fast-Gleichklang der Proklamationen ist in Wirklichkeit eine grandiose Diskrepanz, die erklärt, warum das Zusammentreffen Giovannis mit dem Rest der Welt früher oder später im Fiasko enden muß.

Die Don-Juan-Gestalt hat eine so signalhafte Dimension, weil sie einige sehr moderne Aspekte in sich vereinigt, zum Beispiel das Lebenstempo. Gleich die Introduktion der Oper reißt uns in eine fast rasende Abfolge der Höhe- und Tiefpunkte herein, in den von Kontrast zu Kontrast jagenden Lebensduktus der Titelfigur. Seine sogenannte »Champagner-Arie« (Nr. 11), man könnte sie auch Feuer-Arie nennen, ist peitschendes Tempo. Die blitzende Machtfülle des Orchesters und die fünfmalige Wiederholung des aggressiven Themas sprechen die Sprache des Umgetriebenen, des Täters und Gejagten.

Andrej Besčasnyi als Don Giovanni, Luděk Vele als Leporello, dahinter Naděžda Petrenko als Donna Anna und Jiřina Marková als Donna Elvira (von links), Prag 1991

Die Heimatlosigkeit. Während alle Personen des Stücks ihrer Herkunft, ihrem Rang, ihrer gesellschaftlichen Bindung nach definiert sind (und in Giovannis Maskenball ist jedem dieser Ränge der adäquate Tanz zugeordnet), ist Giovanni überall und nirgends zu Hause. Konventionen, Rücksichten, auch sein eigenes Wort bedeuten ihm wenig oder nichts.

Chi son io tu non saprai.
Wer ich bin, du wirst es nicht erfahren. (I, 1)

Zu Giovannis Märchenmantel gehört die Nacht. Nur wenige Szenen spielen im Licht, das gesamte übrige Geschehen spielt in der Nacht und wird von wechselnden Kerzen, Laternen, Fackeln mehr oder weniger schwankend oder auch gespenstisch beleuchtet.

Sein Ende ist ein Fest der Radikalität. Darum ist Don Giovanni auch keine tragische Gestalt im tieferen Sinn. Sein Ende ist ein Triumph der, seiner Freiheit, oder soll man sagen: Triumph seines Wahnsinns?

Das Weltgericht erscheint Giovanni in steinerner Gestalt (II, 14/15). Der Abendtisch ist gedeckt, der mehr abstrakte als konkrete Stein in Menschengestalt naht:

Qualcun batte.
Jemand klopft. (II, 14)

Es ist ein Klopfen an die Tür, aber zugleich an Giovannis Existenz. Es muß (und soll) erinnern an die Johannes-Apokalypse: »Bereue! Siehe, ich stehe vor der Tür und klopfe an« (3, 19/20).

Giovannis Kühnheit, dem Geisterstein die Tür zu öffnen, imponiert. So sehr, daß man versucht ist, solch heldenhafte Größe zu bewundern. Aber Mozart wäre kein dialektisch arbeitender Dramatiker, würde er nicht selbst der Todesszene einen leicht komischen Akzent abgewinnen. Zu großartig sind Giovannis einladende Gesten, und der Zuschauer sympathisiert mit Leporello, der sich in vernünftiger Angst unter dem Tisch verkriecht. Allerdings, von dem Moment an, da der Komtur klar die Ebene der Wahrheitsfindung herstellt: *Gib mir die Hand als Unterpfand!* – da die ganze Kälte der Wahrheit ihn berührt, ist Giovanni nur noch er selbst. Es sind nur knappste Worte, die sich die Partner zurufen über die Kluft, die Tod und Leben trennt. Das Gespräch endet mit dem fünffachen *Nein* Giovannis: *Ich bereue nicht.* Gemessen an der differenzierten Kunst, mit dem seine Geschichte bis hierher erzählt wurde, könnte sein Ende enttäuschen. Er geht unter Schreckensschreien in den Flammen der Hölle unter, eine Rußwolke bleibt übrig.

Wenn die Figur des Giovanni die Unmoral (des Adels) kritisch zeigt, so ist es konsequent, daß er brutal scheitern muß. Das verleiht der Oper eine auch politische Legitimation. Die Flammen (und die sie verstärkende aufrührerische Musik) tragen auch revolutionäre Energien in sich. Daß tatsächlich bis zur Entmachtung des Adels noch ein ganzes Jahrhundert hingehen sollte, konnte sich damals niemand vorstellen, weder die Autoren der Oper noch das Publikum.

Wer noch weiter nach dem Hintersinn des Stücks fragen möchte, wird eine Antwort in der Erklärung finden: Der steinerne Gast verkörpert das Gewissen. Es ist keineswegs tot. Giovanni hat es aus sich herausverwünscht, also lebt es sein von ihm getrenntes Eigenleben, vergessen, aber nicht getilgt. Und weil die Sprache des Gewissens das Pochen ist, meldet sich der Geist des Komturs (II, 14) an Giovannis Tür, am Zugang zu seinem Inneren pochend. Die Dialektik dieses Lebensplans: Der strahlende Sieger hat jede Situation gemeistert, sich wie magisch jeder Konsequenz entzogen – nun, da er sich selbst begegnet, ist alles Fliehen zu Ende. Das Spiel erreicht den Boden der Wahrheit.

Bliebe die Frage, die auch schon so formuliert worden ist: Hat Mozart seine Don-Giovanni-Gestalt geliebt? Hat er sie gehaßt? Indes, die Frage paßt nicht in die Gedankenwelt des Autors. Mozart stellt die Rätsel dar, das Unauflösliche, Offene. Er richtet nicht. Er bewegt, gibt zu denken, zu lieben, wie er selbst jede seiner Gestalten geliebt hat.

Leporello ist zwar ein Angsthase (der von Mozart bzw. Da Ponte geprägte Name heißt *Häschen*) und weiß, wie wichtig es ist, sich überall einen Fluchtweg offen zu halten. Auf der anderen Seite ist er zäh und hat »etwas vom Stehaufmännchen«.[86] Leporello läßt sich schmieren, denn er ist von Giovannis Geldetui abhängig. Andererseits hat er seine Ethik, die ethischer ist als der Codex des Giovanni. Es ist wahr, wenn er erschrickt vor der *Bronze-Seele,* dem Stein im Herzen seines Herrn (II, 2. II, 14).

Es gibt eine weitere, noch politischere Ebene. Die Leporello-Gestalt als ganze läßt sich metaphorisch verstehen. Wenn dieser Diener seinen Herrn einen Gauner nennt:

Lieber Herr und Gebieter
Das Leben, das Ihr führt,
Ist das eines Halunken (I, 4)

– und andererseits mit billigen Waffen, Geld oder Peitsche, zum Instrument zu machen ist, karikiert er damit nicht nur sich, den Abhängigen, sondern das »Volk«: uns, die Mitläufer, die Angepaßten. Und demonstriert sehr deutlich, wie schnell Mitläufer Komplizen und schuldig sind. Was jede Epoche erneut fatal erkennen muß, die Labilität, den Wankelmut der »Volksseele« – Leporello erzählt es auf seine so spaßige wie ernste Weise und zeigt den zuschauenden Untertanen mit großem Charme, wie charakterlos sie sich allzuoft verhalten.

Exkurs: Der sprechende Stein

Es ist unmöglich, beim Anblick des steinernen Gastes nicht an die jüdische Sagengestalt des Golem zu denken, jenen durch die Magie des Wortes nach geheimem Rezept aus dem Lehm geholten Knecht oder auch tödlichen Feind des Menschen. Das Wort Golem taucht in Psalm 139,16 auf und bedeutet Keim, unfertig. Die frühe kabbalistische Legende fand ihre bekannteste Ausprägung in der Prager Version: Schöpfer des Golem ist der Prager Mystiker und Alchimist Rabbi Löw. Daß diese Version zur Mozart-Zeit bereits im Umlauf war, kann man voraussetzen.[87] Wenn in Mozarts Oper die Skulptur des Komturs zu sprechen beginnt und mit steinerner Präzision den Spieler Giovanni verfolgt und zur Rechenschaft zieht, so kann der Zuschauer, zumal der Prager, die Erinnerung an den Golem, den menschlich-unmenschlichen Diener und Rächer des Menschen, nicht von sich weisen.

Die exotische Vorstellung vom steinernen Gast hat ihre Wurzeln in frühen Märchenbildern und Sagenfragmenten,

Bruchstücken archaischer Kulturen, wie sie in Spuren bis in die Neuzeit herein lebendig war. Ein Blick in diese Welt der Spukgestalten, der grotesken Mirakel, Visionen und schwarzen Tänze lohnt sich.[88]

Wenn wir sagen »Da blieb er wie versteinert stehen« oder »Da blickte er mich wie versteinert an«, verwenden wir Denk- und Sprachmuster, die aus der Welt der Märchen stammen. Deutlich sind die Toten im Spiel, etwa in der Formel »Stein und Bein schwören«, das heißt, wenn meine Worte nicht wahr sind, strafen mich die Grabsteine und Knochen der Toten. Wenn uns ein Stein vom Herzen fällt, war das mehr als irgendeine Last. Es war eine tödliche Kälte auf dem Herzen. Die direkte Verbindung von dem Stein, der das Herz bedrückt, zum Geisterstein der Oper, dem steingewordenen Gewissen, das an die Tür des Herzens pocht, bietet sich an.

»Blicken Sie nicht zurück [...] Wenn Sie nicht die Spielregeln einhalten, erstarren Sie zu Stein«, erfährt Orpheus in Cocteaus Orphée-Film (1949). Der Künstler verknüpft hier die griechische mit der hebräischen Sage (Gen. 19,26). Lots Weib – sie wagte der Wahrheit ins Gesicht zu blicken und bezahlte dafür den geforderten Preis. Das Leiden des Sehens verwandelte sie in Stein.

Es ist möglich, daß unter einem Übermaß an Leiden die Seele zu Stein erstarrt: Das widerfährt dem, der zu treu ist, die Wahrheit zu verschweigen, der das, was er sieht, sagen muß, ohne Rücksicht auf mögliche Strafen. Davon handelt zum Beispiel das in vielen, auch indischenVersionen überlieferte Zaubermärchen vom treuen Helfer, bei den Brüdern Grimm ist es das Märchen vom »treuen Johannes«. Es erzählt die Geschichte eines Dieners, der stets die Gefahren im Leben eines königlichen Brautpaars voraussieht. Seine Warnungen führen zu ständigen Zerwürfnissen – und schließlich zu seiner Steinwerdung. Am Ende kann der König den Stein mit dem Blut seiner toten Kinder wieder zum Leben erwecken, der Diener kann sie nun wieder lebendig machen.

Die Versteinerung ist hier ein mystischer Tod, Zeichen für eine übermenschliche Leidensfracht. Auch hier öffnet sich eine

Parallele zum Komtur aus *Don Giovanni*, dessen steinerne Gestalt im Kontrast zum leichtlebigen Hasardeur Giovanni das ganze Gewicht des menschlichen Leidens verkörpert.

Der Besuch des steinernen Gastes an Don Giovannis Tafel gemahnt an den allgemeinen europäischen Brauch, bei Tisch immer einen Stuhl frei zu halten. Dieser Aberglaube galt nicht unbedingt nur beim Totenmahl und war auch nicht stets vom Gedanken an einen toten Gast geleitet. Eher ist anzunehmen, daß die natürliche Ehr-Furcht vor einer unbekannten – göttlichen oder auch dämonischen – Macht dahintersteckt und daß der »steinerne Gast« nur eine Variante ist. Der häufige Hinweis, daß die Lebenden diesen Platz unbedingt zu meiden haben, erinnert daran, daß das Unbekannte keineswegs ungefährlich ist.

Es ist nicht notwendig, so warnen die Geschichten, Sagen und Märchen, daß eine Steinsäule, ein steinernes Bild starr an einer Stelle verharren müßten. Schon die Menhire »vermögen sich zu drehen, sie wachsen, geben Geräusche von sich, gehen zum Bach, um zu trinken oder sich zu baden«; Steine und Grabsteine können seufzen, klingen, lachen, wandern, und die irischen Menhire haben Orakelfunktion und sprechen Recht.

Wenn der steinerne Gast, in allen Varianten der Don-Juan-Sage, die Einladung zum Essen wörtlich nimmt und ihr folgt, tut er es, weil ihm keine andere Wahl bleibt. Eine Einladung hat im Märchen und in der Sage »ähnliche Kraft wie die der magischen Zitierung«, ist sie ausgesprochen, sind die Partner nicht mehr frei. Der Eingeladene darf sie nicht abschlagen, der Einladende kann sie nicht zurücknehmen. Hintergrund ist das abergläubische Wissen um die objektive, auch gefährliche Kraft des Wortes, wie sie etwa in dem tschechischen Spruch zum Ausdruck kommt:

Mein Wort ist groß,
Mein Spruch ist stark.
Stärker ist mein Wort als das Wasser,
Höher als der Berg,
Wirksamer als das Gold.[89]

Die Einladung ist in der mythischen Tradition eine Art Beschwörung. Der Einladende ist »ein Befehlender, der in Anmaßung und Selbstsicherheit glaubt, daß er kraft des magischen Wortes die [...] Macht zum Gehorsam bringen kann«. Speziell bei Don Juan muß die Zitierung des Steins gewaltige Folgen haben. In einem anderen Zusammenhang müßte die Erscheinung einer fremden Instanz nicht unbedingt lebensgefährlich verlaufen – es gibt durchaus auch die Versöhnung mit dem Toten durch eine Einladung. Allerdings gleicht sie dann weniger einer Beschwörung als einem »magischen Gebet«, durch das sich der Gastgeber nicht über, sondern unter den großen Anderen stellt.[90]

Will man das memento mori als eine der Botschaften des Don-Juan-Mythos verstehen, drängt sich die Frage auf: Was genau ist die Intention dieser Botschaft, was vermag sie im Zuschauer zu bewegen? Wenn auf der Bühne dem Zuschauer der Tod gegenübergestellt wird, ist das Ziel eine Veränderung in ihm. Die Erfahrung des »rituellen Todes« duchbricht den Horizont, die Begegnung mit dem Tod ist »ein Überschreiten der profanen menschlichen Verfassung«, wie Mircea Eliade formuliert.[91] Die schamanische Praxis kennt eine Übung mit dem Ziel, sich selbst als Skelett zu sehen. Zweifellos gehört es zu den Absichten des Mythos, der Märchen und auch des Theaters im ursprünglichen Sinn, daß der Aufnehmende durch die Identifikation mit den handelnden Figuren aufgebrochen wird. Die Konfrontation mit dem Tod verwirrt und verwandelt den Zuschauer, sein Leben verliert den gewohnten Boden, er beginnt neu zu sehen und zu begreifen. Hier eröffnet sich ein weites Feld des Fragens nach den Möglichkeiten zwischen Sagen und Begreifen.

Mozart und seine Gefährten

Bevor wir weiter auf die spezielle Beziehung zwischen Mozart und Prag eingehen wollen, soll dieses Zwischenkapitel die Biographie Mozarts noch einmal, etwas anders, beleuchten. Folgen wir den Linien, die ihn mit den entscheidenden Partnern seines Lebens verbinden, so ergeben sich manche weiteren Streiflichter auf seine Arbeit, sein Denken, seine Person.

Constanze

Mozart hat (nach seiner Heirat) nur zwei Reisen ohne Constanze gemacht. Die eine war die Berlin-Exkursion im April 1789. Vor der Abreise erhält Constanze ein Trostpräsent in Gestalt eines kleinen Gedichts (vor dem 8. 4. 1791):

Auf die vorhabende Reise
Wenn ich werde nach Berlin ver- Reisen
Hoff' ich mir fürwahr viel Ehr und Ruhm
Doch acht' ich geringe alles – Preisen
bist du, Weib, bey meinem Lobe – stumm;
Wenn wir uns dann wieder sehen, küssen,
drücken, o der wonnevollen – lust!
aber Thränen, Trauerthränen – fließen
noch ehvor – und spalten Herz und Brust.

Noch am selben Abschiedstag, wohl gegen Abend, schreibt er ihr einen Brief, in dem er sie fragt: [...] *Wie geht es Dir? – Denkst Du wohl so oft auf mich, wie ich auf Dich? – alle Augenblicke betrachte ich Dein Portrait – und weine – halb aus Freude, halb aus Leide! – erhalt mir Deine mir so werthe Gesundheit und lebe wohl, Liebe! – Habe keine Sorgen meinetwegen, denn auf dieser Reise weiß ich nichts von Ungemach – von Verdrüßlichkeit*

– nichts außer Deine Abwesenheit – welches, da es nun nicht anderst seyn kann, nicht zu ändern ist; – mit thränenden auge schreibe ich dieses; – adieu – von Prag schreibe ich Dir schon mehr, und lesbarer, weil ich nicht so zu eilen brauche – adieu – ich küsse dich Millionen mal auf das zärtlichste und bin Ewig dein bis in Tod getreuester s[ervi]t[eu]r W:A:Mozart (Budwitz, 8. 4. 1789).

Dies im neunten Jahr seiner Verbindung mit Constanze. *Constanze, mein andertes ich* nennt er sie am 28. September 1782; auf der Reise nach Frankfurt (seiner anderen Reise ohne Constanze) seufzt er nach zweiwöchiger Trennung: [...] *mir ist so als wenn ich schon Jahrelang von dir wäre* [...] *und liebe dich zu sehr, als daß ich lange von dir getrennt seyn könnte* (8. 10. 1790).

Und im letzten Jahr dieser denkwürdigen Gemeinsamkeit: *ich hoffe Dich Samstag umarmen zu können, vielleicht eher. Sobald mein Geschäft zu Ende ist, so bin ich bey dir – denn ich habe mir vorgenommen, in deiner Umarmung auszuruhen* (5. 7. 1791).

Die zitierten Briefe sind repräsentativ für die ganze Zeitspanne dieser Verbindung von 1781 bis 1791.

Man muß des Lesens unkundig oder aber durch ein ungewöhnlich finsteres Vorurteil blockiert sein, hört man diesen Texten nicht an, daß sie sich auf den Boden einer sehr lebendigen Verbundenheit stützen. Niemand, er sei denn schizophren, äußert seine Liebe zehn Jahre lang in so enthusiastischer Form gegenüber einem Partner, der diese Liebe nicht entsprechend erwidert. Leider sind von Constanze an Wolfgang so gut wie keine Briefe erhalten.

Kein Zweifel, Constanze war eine bedeutende, künstlerisch bewegliche, durch und durch unkonventionelle, souveräne Frau. Dazu trug ihre Herkunft bei. Die Biographien des Vaters Franz Fridolin und des Onkels Franz Anton Weber (der Vater Carl Maria von Webers) sind stark geprägt von dem, für gutbürgerliche Gemüter gefährlichen, Geist des Theaters und der Musik. Der vor allem musikalisch hochtalentierte Vater mußte, nach einem verunglückten Start im Verwaltungsdienst, seine siebenköpfige Familie mit dem Bettellohn eines Baßsängers am Mannheimer Hof ernähren; Nebentätigkeiten als Kopist und Theatersouffleur waren nötig. Die Webers stammten übrigens

Constanze Mozart. Lithographie eines unbekannten Künstlers

aus dem alemannisch-französischen Grenzgebiet, und Constanze, die 1762 in Zell bei Lörrach geboren wurde, dürfte stets einen leichten badischen Akzent gesprochen haben.

Alle drei Schwestern Constanzes waren Berufssängerinnen, und auch sie sang so sicher, daß sie bei der Uraufführung von Mozarts früher c-Moll-Messe 1783 eine Sopran-Solopartie übernehmen konnte. In der späteren Wiener Wohnung der »Weberischen« standen zwei Klaviere.

Die eingehendste Charakteristik Constanzes haben wir kurioserweise von dem englischen Musikerehepaar Vincent Novello und Mary Novello, geb. Hehl, die 1829 die inzwischen

67jährige Witwe (auch ihr zweiter Mann lebte nicht mehr) in Salzburg aufsuchten im Hinblick auf eine geplante, jedoch nie vollendete Mozart-Biographie. Die beiden zeichneten ihre Eindrücke unmittelbar nach ihrem Besuch auf. So schrieb Vincent Novello: »Sie ist in der Tat eine durch und durch vornehme Dame, und wenngleich von ihrer Schönheit nichts übriggeblieben ist außer in ihren Augen [...] so hat sie doch ihre Figur behalten und ein gewisses Flair, immerhin, für eine Frau ihres Alters.« Mary Novello: »In ihrer Jugend müssen ihre Augen glänzend hell gewesen sein und sie sind immer noch schön [...] Sie ist von ziemlich kleiner Statur, schlank, und sieht viel jünger aus, als ich erwartet hatte sie vorzufinden. Ihre Stimme ist tief und sanft, ihre Manieren wohlerzogen und gewinnend, ungezwungen wie jemand, der sich viel in der Gesellschaft bewegt und viel von der Welt gesehen hat [...] Nichts konnte gütiger, freundlicher, ja sogar herzlicher sein als ihr Verhalten mir gegenüber während des ganzen Besuchs. Alles in allem ist diese Dame für mich eine der fesselndsten Personen, die es heute gibt.«[92]

Von Constanzes Lebensstil im Haus Mozart vermittelt uns ein Bericht Leopolds eine Vorstellung. Der fortgesetzte Trubel, der da herrschte, die völlig unbiedermeierliche Hektik aller Abläufe, das ständig volle Haus, die Unmöglichkeit, irgendwo zu verweilen, das ständige Verschieben der Kulissen müssen den armen Vater bei seinem Wienbesuch 1785 ordentlich durcheinandergebracht haben: »es ist ohnmöglich die schererey und Unruhe alles zu beschreiben: deines Bruders Fortepiano Flügel ist wenigst 12 mahl, seit dem hier bin, aus dem Hause ins Theater oder in ein andres Haus getragen worden« (12. 3. 1785). Leopold hat bei dieser Gelegenheit sein früheres Vorurteil gegen Constanze weitgehend revidiert – ein Vorurteil, das ja einst bewirkt hatte, daß Wolfgang und Constanze nach quälend langer Korrespondenz mit Leopold schließlich ohne seine Einwilligung heirateten, eine zu ihrer Zeit schier kriminelle Entscheidung.

Wolfgang, der Nonkonformist und notorische Nomade, konnte sein Leben nur mit einem ähnlich beweglichen, freiheitssüchtigen Menschen teilen.

Natürlich hatte es Constanze neben einem so anstrengenden Mann nicht leicht. Aber eins ist sicher: Nur eine im umfassenden Sinn jugendliche Frau konnte die Strapazen einer solchen Partnerschaft überhaupt auffangen und ertragen. Die Optik gewinnt noch beträchtlich an Schärfe, wenn wir uns klarmachen, welche inneren und äußeren Mühen sie in ihrer Rolle als Mutter durchzustehen hatte. Von ihrem 21. bis zu ihrem 29. Lebensjahr gebar sie sechs Kinder, vier davon starben jeweils im ersten halben Jahr.

Constanze gehörte zu den Menschen, die sich mit einer gewählten Aufgabe total identifizieren und sich der damit verbundenen Erfahrung, seien es Glück oder Trauer, fraglos ergeben. Etwas davon teilen uns die Worte mit, die sie nach Mozarts Tod niederschrieb und an denen zu zweifeln nicht die geringste Veranlassung besteht: »[...] schreibe nun ich Tiefgebeugt an dich Vielgeliebter Gatte [...] O! könnte bald auf ewig mit Dir verbunden seyn Deine äußerst betrübte gattin Constanze Mozart née Weber.«[93]

Diesen Tatsachen tut es keinen Abbruch, daß die Verständigung der jungen Constanze mit dem sechs Jahre älteren Künstler im allerersten Keim vielleicht eher eine musikalische war, daß sie – wie ihr zweiter Ehemann Georg Nikolaus Nissen 1828 erwägt – anfangs »vielleicht mehr für sein Talent, als für seine Person fühlte«.[94] Damit hätte sie aber eben sogleich auch den Schlüssel zu der Sphäre in Händen gehabt, die seiner Mitte, seinem Herzen am nächsten lag. Constanze schuf durch ihre Musikalität und das ihr von Kind auf mitgegebene Wissen um die diffizilen Bedingungen künstlerischer Entstehungsprozesse genau die seelische Atmosphäre, in der Mozarts vielfältiges Werk sich zu Hause fühlte und frei entfalten konnte. Sie war aber darüber hinaus auch als allernächster künstlerischer Gesprächspartner an der Erprobung zahlreicher neu entwickelter Arbeiten unmittelbar beteiligt. Mary Novello berichtet: »Sie sagte uns, daß Mozart ihr jede fertiggestellte Oper brachte und sie bat, sie zu lernen. Er spielte und sang sie dann mit ihr, so daß sie nicht nur die Musik, sondern auch die Texte auswendig kannte.«[95]

Bekannt ist daneben eine besondere Einflußnahme Constanzes auf Mozarts Arbeit: Sie stiftete ihn heftig dazu an, Fugen zu komponieren; und daß sie gerade für diese musikalische Form besonders schwärmte, läßt auf einen scharfen musikalischen Verstand schließen: *die ursache daß diese fuge auf die Welt gekommen ist wirklich Meine liebe konstanze. – Baron van suiten zu dem ich alle Sonntage gehe, hat mir alle Werke des händls und Sebastian Bach |: nachdem ich sie ihm durchgespiellt :| nach hause gegeben. – als die konstanze die fugen hörte, ward sie ganz verliebt darein; – sie will nichts als fugen hören* [...] *weil sie mich nun öfters aus dem kopfe fugen spiellen gehört, so fragte sie mich ob ich noch keine aufgeschrieben hätte? – und als ich ihr Nein sagte. – so zankte sie mich recht sehr daß ich eben das künstlichste und schönste in der Musick nicht schreiben wollte; und gab mit bitten nicht nach, bis ich ihr eine fuge aufsezte, und so ward sie* [...] *ich werde – mit der zeit und mit guter gelegenheit noch 5 machen* (20. 4. 1782).

Trotz des authentischen Berichts von Vincent und Mary Novello – der allerdings erst 1955 veröffentlicht wurde – und trotz der Fülle der vergleichbaren Quellen, gehörte es in der Musikgeschichte ein Jahrhundert lang zum guten Ton, über Constanze Mozart abfällig, wenn nicht gehässig zu reden und zu schreiben. Erst Volkmar Braunbehrens hat 1986 die richtigen Proportionen hergestellt.[96]

Die verspätete Sorge all jener bekümmerten (stets männlichen) Mozart-Forscher, der arme Komponist hätte doch eine ernsthaftere, klügere oder wenigstens geschäftstüchtigere Frau gebraucht, geht letztlich immer auf die Perspektive und das darin gründende Urteil des provinziell denkenden, sehr eifersüchtigen Vaters Leopold zurück. Zusammen mit der ebenso selbstsicheren Schwester Mozarts bildete er Constanze gegenüber eine bürgerliche Mauer, die ihr das Gefühl geben mußte, »vielleicht von diser allgemeinen klasse ausgeschlossen« zu sein, wie sie am 24. 7. 1782 schrieb. Statt die – allerdings spärlichen – Signale zu beachten, die von der gewählten Partnerin Mozarts ausgingen, begnügte sich die Forschung damit, Leopolds wohlfeiles (und von ihm selbst später revidiertes) Vorurteil über die unsoliden

»Weberischen« voll zu übernehmen. Eine besondere Forschungs-Blüte ist das Urteil Wolfgang Hildesheimers von 1977: »Es ist unwahrscheinlich, daß sie jemals psychisch gelitten hat, und auch ihre physischen Leiden betrachten wir mehr als willkommenen Vorwand zu Badekuren [...] Sie gab sich ihren Trieben hin, liebte das Vergnügen, war überaus beeinflußbar, und somit natürlich auch sehr anpassungsfähig [...] sie gewährte Mozart – und vielleicht nicht nur ihm – erotische, zumindest sexuelle, Befriedigung.«[97]

An dieser Stelle tun nochmals zwei Originalzitate gut. Wolfgang an Constanze am 30. September 1790: *ich freue mich wie ein kind wieder zu dir zurück*. Am 6. Juli 1791: [...] *kannst du mir aber kein grösseres Vergnügen machen, als wenn du vergnügt und lustig bist – denn wenn ich nur gewis weis daß dir nichts abgeht – dann ist mir alle meine Mühe lieb und angenehm; – denn die fataleste und verwirrteste laage in der ich mich immer befinden könnte, wird mir zur kleinigkeit wenn ich weis, daß du Gesund und lustig bist.*

Nach Mozarts Tod dauerte es sechs Jahre, bis Constanze ihr persönliches Leben allmählich wieder nach außen öffnete. Und 18 Jahre nach Mozarts Tod endlich konnte sie sich entschließen, wieder zu heiraten. Ihr zweiter Mann, der dänische Diplomat Georg Nikolaus Nissen, starb 1826; im Jahr 1842 ist die achtzigjährige Constanze gestorben, am Ort von Mozarts Kindheit und Jugend.

Joseph Haydn

Haydn und Mozart waren zwei sehr gegensätzliche Partner. Hier der im katholischen Bilder- und Gedankenkosmos Verankerte, Glaubensgewisse. Dort der Suchende, Umgetriebene, Fragende. – Hier der bedächtig Bauende und Reifende und, wie Bruckner, spät sich Vollendende. Dort das geniale Kind, das Licht eines (wie die zeitgenössische Kritik bedauert) »allzufeurigen Geistes«,[98] das Wunder der Vollendung in Werken eines Zwanzigjährigen. – Hier die bescheidene, aber stetig wachsende Anerkennung auf dem Weg zum Weltruhm. Dort die stolze, aber folgenlose Auszeichnung des Jugendlichen … und später das gnadenlose Desinteresse der Öffentlichkeit und der Rückzug der meisten Freunde. Das Trennende zwischen den beiden Künstlern könnte kaum größer sein. Doch auf den zweiten Blick entdeckt man: der 24 Jahre ältere Haydn war in Mozarts Leben der einzige Partner, der schöpferisch und musikalisch genug war, sein Werk wirklich zu verstehen. Sein einziger wahrer »Verwandter« also.

Es gab und gibt zwischen Künstlern nur sehr selten eine so klare, fraglose Freundschaft wie die zwischen Haydn und Mozart. Daß eine Beziehung von solcher Qualität entstehen konnte, hat den Grund wohl vor allem in dem Glück, daß beide ihre Rolle (die in jeder Partnerschaft eine um Nuancen andere ist) genau begriffen und sich mit ihr identifiziert haben. Die Rolle Mozarts war die des lernenden, aber durchaus selbstbewußten jüngeren Partners, der den Meister verehrt und weiß, was er ihm zu danken hat. Die schwierigere Rolle Haydns war die des Erfahrenen, der sich aber keineswegs auf dem Geleisteten ausruht, sondern der »in seinem Alter noch das Gefühl eines Jünglinges« in sich hat und den Jüngeren, geistig Kühneren anerkennt und bestärkt.[99] Tatsächlich hatten Mißgunst oder Neid in seinem Denken so wenig Raum, daß er klar die künstlerische Überlegenheit Mozarts sah und freimütig bekannte. Wahrscheinlich ist Haydn in den sechs Jahren von 1785 bis 1790, da sie sich kannten, Mozarts stetigster und treuester Freund gewesen.

»Es war gewiß rührend wenn [Mozart] von den beyden Haydn, oder andern großen Meistern sprach: man glaubte nicht den allgewaltigen Mozart, sondern einen ihrer begeisterten Schüler zu hören.« Bei der Erstaufführung eines Haydn-Werkes erhielt ein kritischer Kollege (»Das hätt' ich nicht gethan«) von Mozart die Antwort: »Ich auch nicht; wissen Sie aber warum? Weil wir es beyde nicht so gut getroffen hätten!«[100] Eine Antwort, deren gezielte Schärfe sich nicht jedem sofort enthüllt. Berühmt ist die Widmung, mit der Mozart eine Gruppe von sechs Quartetten, die zum Teil unter dem Eindruck von Haydns »Russischen Streichquartetten« entstanden, dem Freund

Joseph Haydn. Zeichnung von Dance

zueignet: *Hier, erlauchter Mann und mein teuerster Freund, sind meine Kinder. Sie sind wahrhaft die Frucht einer langen, bitte-ren Bemühung* [...] *In diesem Moment übertrage ich Dir meine Rechte an ihnen*. In der Tat soll Mozart bemerkt haben, erst bei Haydn habe er gelernt, wie man Quartette schreiben müsse.

Bekannt sind Haydns Worte zu Leopold Mozart: »ich sage ihnen vor gott, als ein ehrlicher Mann, ihr Sohn ist der größte Componist, den ich von Person und den Namen nach kenne« (L. Mozart, 16.2. 1785). Einen Prager Opernauftrag lehnt Haydn 1787 mit dem Hinweis auf Mozart ab: »in dem der große Mozart schwerlich jemanden andern zur Seite haben kann. Denn, könnt ich jedem Musikfreunde besonders aber den Großen die unnachahmlichen Arbeiten so tief und mit einem solchen musikalischen Verstande, mit einer so großen Empfindung in die Seele prägen, als ich sie begreife und empfinde: so würden die Nationen wetteifern ein solches Kleinod in ihren Ringmauern zu besitzen. Prag soll den theuern Mann fest halten – aber auch belohnen; denn ohne dieses ist die Geschichte großer Genies traurig.«[101]

Eine große Geste Haydns an Mozart ist es, wenn er in seiner in London entstandenen Sinfonie Nr. 93 an prominenter Stelle, im Finale, das berühmte *Viva la libertà* aus dem *Don Giovanni* zitiert. Es ist mehr als ein Gruß an den verehrten jungen Freund, es ist das Signal der Solidarität mit seinen geistigen Zielen.

Antonio Salieri

Ein Mann von der Ausstrahlung und Elektrizität eines Mozart hat seine Freunde und seine wohl ebenso notwendigen Rivalen. Antonio Salieri (1750–1825) war sein, wenigstens in Mozarts Augen, treuester Widersacher. Und ist daher unter seine Schicksalsgefährten zu zählen genau wie die, die ihm persönlich zugeneigt waren. Wer war dieser Salieri? Sein Ruhm – er schrieb über vierzig Opern – ging um die westliche Welt bis Moskau, Kopenhagen, Rio de Janeiro. Aber das galt nur für eine kurze

Zeitspanne, nach 1810 kamen seine Stücke aus der Mode, heute ist er nur noch als Gegenspieler Mozarts berühmt.

Er ist, seine phantastischen Erfolge zeigen es, ein »gefeierter Modekomponist« gewesen, wobei künstlerische Mode in dieser Zeit voraussetzt, daß geschmackvoll und handwerklich solide gearbeitet wurde.[102] Salieri, sechs Jahre älter als Mozart, stand musikalisch ganz im Bann seines hochverehrten und einflußreichen Meisters Gluck, der ihn wie keinen anderen unterstützte und förderte. Im Œuvre Salieris stehen interessante, des großen Lehrers würdige Werke unvermittelt neben zahlreichen belanglosen Arbeiten.

Wer Peter Shaffers Erfolgsstück »Amadeus« oder Miloš Formans gleichnamigen Film gesehen hat (der eigentlich »Salieri« heißen müßte), für den ist Salieri der böse Geist in Mozarts Leben und vielleicht sein Mörder. Ein Körnchen davon ist wahr: Salieri war für Mozart – sollen wir es Zufall, Politik, Verhängnis nennen? – ein Hindernis. Am wenigsten durch seine Schuld. Als k. k. Kammerkompositeur, später Hofkapellmeister, saß er, immer vor ihm, genau auf den Plätzen und in den Rechten, die für Mozart zeitlebens Wunschtraum bleiben mußten. Daß Salieri, dem es gut ging, dem Jüngeren, der zu kämpfen hatte, nur selten eine Chance neben sich einräumte, sich also anders verhielt als etwa Haydn oder Gluck, wer kann es heute, aus zweihundertjähriger Distanz, ernstlich beurteilen? Für Mozart war schlicht Salieris Existenz das Ärgernis.

Sein leicht entzündbares Temperament läßt ihn übertreiben, wenn er über Joseph II. sagt, *bey ihm ist nichts als Salieri* (15. 12. 1781), wenn er sich immer wieder über die (krummen) Touren, den Stil, die *Cabalen* Salieris beklagt. Sachliche Nachrichten aus dritter Quelle über Berechnungskünste und Listen Salieris sind selten.

Nach dem Tod Josephs II. 1790 wurde Salieri aus den kaiserlichen Diensten entlassen, das stellte vielleicht nicht gerade den Frieden, aber die Ruhe zwischen den beiden her. Am 14. Oktober 1791 erzählt Mozart vom gemeinsamen Besuch der Oper *Die Zauberflöte: um 6 uhr hohlte ich Salieri und die Cavalieri mit den Wagen ab* […] *Du kannst nicht glauben, wie artig beide wa-*

Antonio Salieri. Radierung von G. Bassi

ren, – wie sehr ihnen nicht nur meine Musick, sondern das Buch und alles zusammen gefiel. – Sie sagten beide ein Opera, – würdig bey der größten festivität vor dem größten Monarchen aufzuführen, – und Sie würden sie gewis sehr oft sehen, den sie haben noch kein schöneres und angenehmeres Spectacel gesehen. – Er hörte und sah mit aller Aufmerksamkeit und von der Sinfonie bis zum letzten Chor, war kein Stück, welches ihm nicht ein bravo oder bello entlockte [...]

Sieben Wochen nach dieser Begegnung starb Mozart, beim Trauerzug folgte Salieri dem Sarg zum Dom. Salieri unterrichtete später Mozarts Sohn Franz Xaver Wolfgang – gratis. Bis um 1820 wirkte Salieri in Wien als angesehener Lehrer und Berater, zu seinen Schülern zählen Beethoven, Liszt, Meyerbeer, Schubert. Für den alten, erst seit 1820 ernsthaft erhobenen Verdacht (an den Constanze nicht glaubte[103]), Salieri – oder ein anderer Täter – müsse Mozart vergiftet haben, gibt es keine seriöse Überlieferung.

Die Freimaurer

Mozart war bekanntlich mit dem Geist und den Trägern des Freimaurertums intellektuell und persönlich aufs engste verbunden. Das war eines der Bande, die ihn mit Prag verknüpften. In Prag waren die Freimaurer gewissermaßen bei sich, an der Quelle. Von hier strahlte die Bewegung in die österreichischen Länder aus. In Prag wurde bereits im Jahr 1726 die Loge »Zu den drei Sternen« gegründet: die älteste mitteleuropäische Logengründung.[104]

Zwischen Mozart und Prag spielten vielfältige freimaurerische Beziehungen. Hierher gehört in erster Linie Johann Joseph Graf Thun (1711–1788), der aus der Linzer Loge »Zu den sieben Weisen« stammte. Sein Sohn Franz Joseph (1734 bis 1801) war nach einem Ausflug in die Geheimwissenschaft von derlei, wie er das nennt, »Wunderwirken, Gaukelspiel und Aberglauben« gründlich geheilt[105] und amtierte seit 1783 als Meister in der Wiener Loge »Zur wahren Eintracht«. Seine Frau Maria Wilhelmine war Mittelpunkt eines renommierten »Circle« der Wiener High Society, den Mozart, aber auch Joseph II. häufig besuchten. Johann Joseph von Thun ist es, in dessen großzügigem Palais Thunovská 14 Wolfgang und Constanze zu Beginn ihres ersten Prager Aufenthalts logieren durften.

Der zweite Name ist Joseph Emanuel Graf Malabaila von Canal (1745–1826), Begründer der Prager Loge »Zur Wahrheit und Einigkeit« und ihr »erster Aufseher«. Er war es, der das Ehepaar Mozart gleich an ihrem ersten Prager Abend auf den

Loge »Zur neugekrönten Hoffnung«, ganz rechts Mozart, links neben ihm Emanuel Schikaneder. Beide tragen Maurerschurz und Winkel. Gemälde eines unbekannten Künstlers (Ausschnitt)

»Breitfeldischen ball« mitnahm. Den dritten Namen kennen wir schon genauer, es ist der Doktor der Theologie Karl Raphael Ungar (1743–1807), Illuminat und offensiver Jesuitenfeind.

Der vierte ist Franz Xaver Niemetschek (1766–1849), Meister vom Stuhl der Prager Loge »Zu den gekrönten drei Sternen«, Professor der Philosophie und Pädagogik in Prag und Wien und Verfasser der ersten ausführlichen Mozart-Biographie. »Den Großteil seiner Informationen über Mozart erhielt Niemetschek von Konstanze, die ihm ihre beiden Söhne Carl und Wolfgang Amadeus zur Erziehung anvertraut hatte.« Er war »ein typischer ›Mozartianer‹, in dessen Buch sich die große Mozartbegeisterung spiegelte, die zum ersten Mal, insbesondere nach der Aufführung des Figaro und des Don Giovanni 1786/1787 in Prag vulkanartig ausbrach«.[106]

Was suchte Mozart in der »philosophischen Conspiration«[107] der Freimaurer? Wohl in erster Linie eine Art Sicherheitszone. In der Kirche fühlte er sich nicht mehr beheimatet, spätestens seit der Auseinandersetzung mit dem Salzburger Erzbischof. In der Wiener Gesellschaft war er in einzelnen Salons als Mu-

»Der Baumeister«. Pinselzeichnung von Albrecht Dürer, 1506. Vorstudie für eine Figur in Dürers Rosenkranzaltar, der heute in der Národní galérie Prag zu sehen ist

siker hoch geschätzt, aber er hatte keinen richtigen Stand in ihr. In Adelskreisen mußte er seit *Figaros Hochzeit* eher als potentielles politisches Risiko gelten. In der Loge fand er den unsichtbaren Schutz, den ein so gefährdeter Entdecker neuer Wege und Erfinder ganz unkonventioneller Konzepte brauchte. Was ihn mit den Logenbrüdern verband, war vermutlich nicht im engeren Sinn die persönliche Freundschaft, es war die Treue zur gemeinsamen Sache, die Einbindung in eine utopie-ähnliche »Gegengesellschaft, die alle Züge eines revolutionären Vorgriffs auf eine bessere und humanere Gesellschaft virtuell in sich schloß«.[108] In der Sprache der Freimaurer: Es war der »Bund«, der den einzelnen, gehörte er einmal dazu, einbezog, schützte und mittrug. Das ist gewiß der wichtigste Aspekt seiner Bindung an die Arbeit der Freimaurer, es gibt aber einige weitere.

Zu nennen ist besonders das persönliche Exerzitium, wie es sich im ersten Gebot des Freimaurers, dem »Erkenne dich selbst«, ausdrückt, etwa auch in der Schweigeübung oder dem memento-mori-Gedanken. Nur der oberflächliche Blick übersieht ja den gewichtigen Anteil des Kontemplativen, »Andächtigen« in Mozarts Leben. Ein weiterer, gerade für eine Persönlichkeit wie Mozart wichtiger Aspekt ist das Prinzip der Wohltätigkeit. Mit der gezielten Intention, dem Eindringen rosenkreuzerischer und anderer okkulter Traditionen entgegenzuwirken, und »um ein Versinken in mystizistische Schwärmerei zu vermeiden, wird der Freimaurer durch die Pflicht zur Wohltätigkeit immer wieder an das tatsächliche Leben in der Welt erinnert. Freigiebigkeit, Uneigennützigkeit und Wohltätigkeit sind dabei ein Maßstab dafür, wie weit der einzelne seine materiellen Interessen abgelegt und dem Ziel bereits nähergekommen ist.«[109]

Es gibt noch eine weitere Ebene, die Mozart mit der Freimaurerei verbindet. Mozart, der als Acht- und Neunjähriger über ein Jahr in der englischen Hauptstadt zugebracht hatte, fühlte sich zeitlebens allem Englischen verwandt, bezeichnete sich als *Erz-Engeländer* (19. 9. 1782) und lernte noch 1787, als er erwog, nach London auszuwandern, erneut Englisch. Der englische Geist der Freimaurerei hat ihn besonders zu ihr hingezogen: das Klare, der Praxisbezug, die konkrete Verwirklichung des Gebots der Wohltätigkeit. Er hat sich mit Bedacht eben für die Loge entschieden, die den Namen »Zur Wohltätigkeit« trug und diesem Namen auch mit großem Ernst gerecht zu werden versuchte. – Die Sympathie für das antirömische, theater- und musikoffene aufgeklärte England teilte Mozart übrigens mit vielen prominenten Zeitgenossen wie etwa Johann Georg Hamann, Georg Christoph Lichtenberg, Albrecht von Haller, Karl Philipp Moritz und seinen Musiker-Vorbildern Georg Friedrich Händel, Karl Friedrich Abel, Johann Christian Bach und Joseph Haydn.

Die Herkunft der Freimaurerei verrät manches über ihre Inhalte. Sie entwickelte sich aus der Tradition der mittelalterlichen Steinmetzzünfte und Dombauhütten. Deren Ziel war, nach außen, der Schutz des einzelnen und des überlieferten Wissens, nach innen die Pflege des handwerklichen und künstlerischen Niveaus durch beständiges Weiterlernen. Die freimaurerische Symbolik von Winkel, Zirkel und Hammer geht natürlich auf die Werkzeuge der Maurer und Steinmetzen zurück, die aber schon das Mittelalter in ihrer zeichenhaften Bedeutung verstand. So trägt Dürers »Baumeister« (1506) bereits den rechten Winkel, Sinnbild der Richtigkeit und Gerechtigkeit, in der Hand. Denselben Winkel, der dann im »Tempel« zu tragen ist – auf dem berühmten Bild von der Wiener Loge »Zur gekrönten Hoffnung« trägt Mozart diesen Winkel auf der Brust und ergreift ihn mit der rechten Hand.

Dem modernen Denken fremd erscheint das Geheimhaltungsprinzip, Erbe der Dombauhütten. Es ist in erster Linie ein Schulungselement: Verschwiegenheit stellt Konzentration her und steigert die Genauigkeit der Arbeit. (Von hier führt eine direkte Linie zu der Übung des Schweigens, die in der *Zauberflöte* eine so zentrale Bedeutung hat.) Leider hat es auch alle Formen der Entstellung dieses Prinzips gegeben, von den Möglichkeiten der Mystifikation bis zum massiven Machtmißbrauch, hier deutet sich schon an, daß es stets auch reaktionäre, esoterische oder auch politische Tendenzen gab, die den freimaurerischen Gedanken verfälscht haben.

Der erstaunliche europäische Siegeszug der Freimaurer gerade im 18. Jahrhundert läßt sich relativ einfach erklären. Ursache war die extreme Vormachtstellung der Kirchen; vor allem die Dominanz des Jesuitenordens im Bildungswesen weiter politischer Regionen war erdrückend. Dagegen konnte nur die bescheidene Arbeit im kleinen Kreis an Boden gewinnen, der brüderliche Konsens im geschützten Zirkel. Hier war der Ort, an dem durch geistige und humanitäre Bemühung das Vertrauen in die menschliche Vernunft, in das freie Denken neu aufgebaut werden konnte. Der neue »Anspruch auf intellektuelle Selbstbestimmung [...] richtete sich zunächst gegen die [...] Lehrautorität der Kirchen. Allein mittels des ihr innewohnenden lumen naturale erkenne die Vernunft die Wahrheit Gottes, der Welt und des Menschen; sie bedürfe dazu weder der kirchlichen Verkündigung noch der Vermittlung der Theologie und der Priester.«[110]

Anders als etwa Joseph Haydn, der nur selten im »Tempel« erschien, hat sich Mozart mit Begeisterung, Freude und Wärme freimaurerisch engagiert, das läßt sich schon daran ermessen, daß die rituellen Musikstücke der Freimaurer zur Mehrzahl aus seiner Feder stammen. Darunter ist seine *Maurerische Trauermusik* (KV 477) wohl das interessanteste und merkwürdigste Werk. Der Prager Mozart-Forscher Paul Nettl hat auf die religionenübergreifende Dimension des Werkes hingewiesen, das gregorianische Fugen mit Anklängen an den jüdischen Tempelgesang zusammenspannt.[111]

Die spezielle Ausprägung freimaurerischer Arbeit, der sich Mozart verpflichtet fühlte – eine behutsam christlich (nicht kirchlich!) getönte Richtung entschieden links der Mitte –, sehen wir deutlicher, wenn wir die beiden Flügel betrachten, die sich rechts und links bildeten.

Der rechte Flügel ist der um 1750 gegründete Rosenkreuzerorden und seine Nebenzweige. Den Rosenkreuzern geht es letztlich um den, auch politisch geführten, Kampf gegen die Aufklärung, gegen die Möglichkeiten der intellektuellen Mündigkeit. Die Lehrinhalte sind eine Synthese aus alchimistischen, auch magischen Restelementen mittelalterlicher Esoterik, Zahlenmystik, Wortmagie – ein Lehrangebot, das die Oberen »nach Belieben zur Manipulation der Brüder benutzen« konnten und benutzt haben. Von dieser Organisation (die sich auf eine bis Mose oder Eleusis zurückreichende geheime Geschichte berief) besteht keine wahre Brücke zurück zu den Werken des

Johann Valentin Andreä (»Chymische Hochzeit Christiani Rosencreütz«, 1614). In Wirklichkeit hat, genau umgekehrt, Andreä mit seinen Visionen eine »imaginäre Gemeinschaft des Rosenkreuzes beschrieben, die andere [der spätere Rosenkreuzerorden] gründeten«: Diese Analyse von Jorge Luis Borges deckt sich mit dem heutigen Forschungsstand.[112]

Den linken Flügel bilden die politisch streitbaren Illuminaten (»Die Erleuchteten«). Die Grenzen zwischen dieser Gruppierung – die wie der Rosenkreuzerorden als »paramaurisch« gilt – und der klassischen Freimaurerei sind fließend. Die Bedeutung der Illuminatenbewegung liegt in den geistigen Anstößen, die sie gab, in ihrer Ausstrahlung auf die nach links tendierenden Logen z. B. der Wiener Freimaurer. Der Orden wollte eine »Weisheitsschule« sein, wobei Weisheit nicht etwas war, was man lehren, sondern was man üben kann.[113] Die Ehrlichkeit dieses Programms hatte zur Folge, daß die Diskrepanz zwischen dem aufklärerischen Denkmodell und der politischen Realität rasch überdeutlich wurde. So entstanden utopische Konzepte von einer gewaltlosen Aufhebung der Fürstenherrschaften, die atmosphärisch an den Geist der *Zauberflöte* erinnern.

Mozart gehört eindeutig zur Gruppe der »unbenebelten Maurerköpfe« (wie ein Zeitgenosse sie benennt)[114], die mit der Gedankenwelt der Illuminaten sympathisierten und sich mit den lebenden Erben des Illuminatenordens solidarisierten. Zu ihnen zählen Mozarts *liebster bester Freund* August C. Graf Hatzfeld sowie seine nahen Freunde Fürst Lichnowsky, Otto H. von Gemmingen, Joseph von Sonnenfels und Ignaz von Born (1742–1791). Als Tempelherr der Loge »Zur wahren Eintracht« drängte Born mit Nachdruck darauf, »zur Beförderung der [...] Denkfreiheit zu wirken und den Aberglauben und die Schwärmerei, mithin also auch die Hauptstütze von Beiden, das Mönchswesen zu bekämpfen«.[115] Als Schwärmerei gilt die ganze okkulte Tradition des Mittelalters (also auch die Lehrinhalte der Rosenkreuzer), unter Aberglaube ist vor allem das theologische Dogma zu verstehen. Die Spitze der militanten Arbeit zielt also in erster Linie gegen die Kirche.

Ein Kreis um Gemmingen gründete 1782 die Loge »Zur Wohltätigkeit«, sie kann als die Wiener »Aufklärungsloge schlechthin« gelten. Es fällt auf, daß in dieser Loge nicht der Adel, sondern Mitglieder bürgerlicher Herkunft dominierten und daß die jüngeren Jahrgänge (33 bis 35 Jahre) in der Mehrheit waren. Die Viten der maßgeblichen Mitglieder zeigen das deutliche gesellschaftskritische Engagement, den praktischen Protestcharakter dieser Loge.[116] Für sie entschied sich Mozart, hier wurde er am 14. Dezember 1784 als Lehrling aufgenommen. Die neue Loge pflegte eine enge Zusammenarbeit mit der von Born geleiteten Loge »Zur wahren Eintracht«, in der Mozart 1785 in den Gesellen- und den Meisterstand erhoben wurde. Freimaurer mit Meistergrad konnten überall im In- und Ausland befreundete Logen besuchen und mit der Gastfreundschaft und Hilfe der Ordensbrüder rechnen. Mozart hat diese Möglichkeit vor allem in Prag wahrgenommen.

Als eine Art Manifest oder Programmstück des Freimaurertums läßt sich Mozarts *Zauberflöte* verstehen. Allerdings nicht im schulmäßigen Sinn. Denn ganz ohne dadurch an Tiefe einzubüßen, ist das Werk zugleich auch mitreißendes »Theater in seiner ursprünglichen Form«: Spektakel, Komödie, Spiel.[117] (Das Libretto schrieb Mozarts Freund und Logenbruder, der Intendant Emanuel Schikaneder.)

Das scharfe politische Signal, das die Oper in kaum verhüllter Symbolsprache setzt, erscheint heute eher verborgen, war aber zur Zeit ihrer Enstehung für jeden Zuschauer spontan einsichtig. Kaum war die Wiener Uraufführung am 3. September 1791 vorüber, entschloß sich das Prager Ständetheater, das Stück ins Programm aufzunehmen. Während der Proben wurde aber die ganze Prager Theatergesellschaft wegen »aufrührerischer Reden« verhaftet, das Stück wurde also verstanden.[118] Die Aufführung ließ sich dann doch nicht verhindern. Ein Jahr später, am 25. Oktober 1792, ging die Oper auch in Prag über die Bühne und wurde enthusiastisch gefeiert. Mozart hat es nicht mehr erlebt.

Das Stück ist ein lichtes, hellsichtiges Fest des Bewußtseins und der Menschenwürde. Es handelt von der Begegnung zwi-

Ignaz von Born. Scherenschnitt

schen Vergangenheit und Zukunft, zwischen Dogma und Aufklärung, zwischen den Dämonen der Nacht und den Boten des Lichts. Er wäre allerdings nicht Mozart, hätte er Dunkel und Hell simpel einfarbig verteilt – unter den tragenden Personen des Stücks hat jeder seine fragwürdige und jeder seine gewinnende Seite. Mozart und Schikaneder scheuen sich auch nicht, Kritik an den Freimaurern selbst zu üben.

Die Symbolik des Stückes wurde von jedem Zeitgenossen Mozarts sofort begriffen und auf die politischen Verhältnisse bezogen: »Schwarz« war in den Köpfen mit der Assoziation Kirche direkt verknüpft, ebenso wie das »Licht« mit der Aufklärung. Jedem Zuschauer war deutlich, daß die »Königin der Nacht« die römische Kirche symbolisiert.[119] Folgerichtig wurde die Oper sofort nach der Uraufführung auf den bayerischen Index gesetzt.

Ziel und Idee des Werkes ist der autonome Mensch, das Drama erfüllt sich und schließt mit dem Sieg des Lichts, der Mündigkeit des Menschen. Dieses Ziel wird nicht in esoterischer Abgeschiedenheit erreicht, sondern nur auf dem harten Weg der Läuterung durch *Feuergluten* und *Wasserfluthen* (II, 28). Nicht nur die jugendlichen Singspielhelden Tamino und Pamina müssen den Weg der Schulung gehen, auch der Sonnenfürst Sarastro ist keineswegs vollkommen, auch er ist ein Lernender und hat eine Menge an Schlacken der Vergangenheit abzulegen. Zum Thema Autonomie ist zu bemerken, daß in einem zentralen Punkt die Oper aufgeklärter denkt als die Freimaurer. Der Frau steht genau wie dem Mann die Möglichkeit der Schulung und die Tür zur Weisheit offen:

> *Ein Weib, das Nacht und Tod nicht scheut,*
> *Ist würdig und wird eingeweiht.* (II, 28)[120]

Durchreise

Im Jahr 1789 hatte Mozart, 33jährig, bereits zahlreiche Bühnenwerke, Orchesterwerke und Konzerte und eine Fülle weiterer Werke geschaffen. Trotzdem kann man kaum sagen, daß er im Licht der Wiener Öffentlichkeit stand. Seine Werke, seine Person, seine Familie führten ein eher bescheidenes Leben, außer im Theater und bei seinen Logenfreunden tauchte sein Name wohl nur selten in einem größeren Kreis auf. Eine Sinfonie, ein Klavierkonzert wurden oft nur ein einziges Mal, nämlich von Mozart selbst, aufgeführt und sanken dann in Vergessenheit. Die Mehrzahl der vor 1788 komponierten Konzerte erschien in gedruckter Form erst nach Mozarts Tod. Die Subskriptionskonzerte, die Mozart in Wien anbot, fanden, was die Zahl der eingeschriebenen Hörer anlangte, immer weniger Interesse. Die kaiserliche Zuwendung von jährlich 800 Gulden (auf die heutige Kaufkraft umgerechnet rund 1600 Euro) für den »k. u. k. Kammermusicus« reichte höchstens aus, die Familie für zwei Monate zu erhalten.

So kam ihm die Chance, sich nach neuen Verdienstmöglichkeiten, Aufträgen, Engagements umzusehen, sehr gelegen. Ein Schüler und Logenbruder, Fürst Karl Lichnowsky, lud ihn ein, ihn auf einer Reise nach Norddeutschland zu begleiten, im wesentlichen gratis. Mozart verband mit dieser Reise Hoffnungen, vor allem auf bare Münze, die er dringend benötigte und die sich vielleicht durch Konzerte einspielen ließ. Prag war bei dieser Unternehmung eine Durchreisestation.

Was ihn als wichtigste Last auf dieser ersten Reise ohne Constanze begleitet, ist die Verbundenheit und Sorge um seine Familie. Ein Farbton, der so gar nicht in das gängige Mozart-Bild paßt, darum soll hier die Rede davon sein. *Küsse tausendmahl unsern* [vierjährigen] *Karl und ich bin Dich von ganzem Herzen küssend Dein ewig getreuer Mozart.* Und französisch fügt er hinzu: *[...] und achte auf Deine Gesundheit, die Deinem Gatten so lieb und kostbar ist* (10. 4. 1789 aus Prag).

Der tatsächliche finanzielle Ertrag dieser Reisen (über Prag, Dresden, Leipzig nach Berlin und zurück) blieb weit unter dem Erwarteten. Die Hoffnung, in Prag den Auftrag für eine neue Oper zu erhalten, zerschlug sich. Immerhin bekam Mozart dann vom preußischen König Friedrich Wilhelm II. ein Honorar von 100 Friedrichsdor, was beinahe seinem sonstigen Jahresgehalt entsprach, für ein Konzert, das er am Potsdamer Hof gab, vielleicht auch als Akontozahlung für eine Reihe von Musikstücken, die der König bei Mozart bestellte. Von diesem Auftrag sind tatsächlich drei »Preußische Quartette« (KV 575, 589, 590) entstanden, die Mozart aber im Sommer 1790 überstürzt in Wien verkaufen mußte, weil er unbedingt Geld brauchte.

Es war also im wesentlichen: ein Abschiednehmen von Erwartungen und Hoffnungen – vielleicht überhaupt von einem geschützteren, vom Publikum und den Oberen begünstigteren Lebensabschnitt. Ein Weg der Ernüchterung. Mozarts Fazit: *Mein liebes Weibchen, du must dich bey meiner Rückunft schon mehr auf mich freuen, als, auf das gelde* (23. 5. 1789). Auf der Rückreise verbringt Mozart einen Tag und zwei Nächte in Prag (31. 5. bis 2. 6. 1789). Am 4. Juni ist er wieder bei Constanze in Wien.

Festliche Ernte

Das Jahr 1791 war ein Jahr dichtester Arbeit, vielfältigster künstlerischer Entfaltung. Wollte man einen Augenblick lang über das mögliche Lebensgefühl Mozarts in seinem letzten Lebensjahr spekulieren, so müßte man versuchen, die ganze Spannweite der Arbeiten des Jahres wahrzunehmen vom Licht der kontemplativen musikalischen Momente bis zum dunklen Glanz der großen festlichen Formen; und man wird nicht fehlgehen, wenn man ihn in diesem Jahr in erster Linie mit dem schwierigen, tiefen Glück des Schöpferischen beladen sieht. Ein Segen von Aufträgen ging über ihm, der in Wien zumindest zeitweise eher an künstlerischer Unterforderung gelitten hatte, nieder. Mozart schrieb 1791 unter anderem ein Klarinettenkonzert, ein Hornkonzert, ein Streichquintett, zwölf Menuette (und zahlreiche weitere Tanzkompositionen), er vollendete das hintergründig philosophische Klavierkonzert B-Dur KV 595, das er am 4. März 1791 selbst vom Flügel aus dirigierte – es war sein letzter öffentlicher Auftritt in Wien. Im Juni erreichten Mozart fast gleichzeitig zwei verlockende Anfragen.

Das eine war jener »sonderbare Auftrag«, von einem »unbekannten Bothen« übermittelt, eine Totenmesse zu schreiben, der Besteller wollte anonym bleiben. Die denkwürdige Überreichung dieses Auftrags – wir verdanken ihm Mozarts letztes Werk, das unvollendete *Requiem* – ist als gespenstische Szene immer wieder theater- und kinowirksam arrangiert worden, obwohl der Schleier, der sie so geheimnisvoll macht, längst gelüftet ist (der Auftraggeber war ein jugendlicher Graf Walsegg-Stuppach, der die Messe für seine 21jährig verstorbene Frau bestellte und, übrigens, als seine eigene Komposition ausgab).

Etwa gleichzeitig mit der *Requiem*-Bestellung erreichte Mozart der hochoffizielle Auftrag aus Prag, die große Festoper zur Prager Krönung Kaiser Leopolds II. zu schreiben – Leopold war längst österreichischer Kaiser, es ging aber um seine Krönung zum König von Böhmen. Leopold II. regierte nur zwei Jahre, denn er starb schon im März 1792, kaum 45jährig, drei Monate nach Mozarts Tod. Trotzdem war Leopold ein Glück für Österreich. Er hatte, anders als sein Bruder Joseph II., die geistige Distanz, die Zeichen der Zeit zu erkennen. In Frankreich war nach dem Sturm auf die Bastille am 14. Juli 1789 das revolutionäre Geschehen, das Europa veränderte, in vollem Gang, über seine Schwester Marie Antoinette nahm Leopold quasi hautnah daran teil. Mit großem diplomatischem Geschick arbeitete er an der Herstellung des Friedens, er beendete den Türkenkrieg und söhnte sich mit Preußen aus. Im Innern kämpfte er um einen sozialen Frieden, der auch den vierten Stand, die Unterprivilegierten, einbezog. Sein aufgeklärt-humanes Strafgesetzbuch schuf die Grundlage für den Ruhm der Milde, der ihn umgab. Schon zu Lebzeiten wurde er mit dem Fürstenidol Titus verglichen und als »Philosoph auf dem Kaiserthron«, als »Leopold der Weise« verehrt. Zu seinem Titus-Nimbus hat natürlich Mozarts Oper beigetragen, aber auch das fast mythische Unglück, daß Leopold ebenso wie Titus nach zweijähriger Regentschaft starb.[121]

Leopold, von den europäischen Entwicklungen beeindruckt, konzentrierte sich während seiner kurzen Regierungszeit auf die dringendsten politischen Herausforderungen. Für kulturelle Fragen nahm er sich ein Minimum an Zeit. Über sein Interesse für Mozart ist wenig zu berichten – es gab keines. Er stellte Mozart weiterhin höflich die von Joseph vorgesehene karge Jahresprämie von 800 Gulden zur Verfügung. Aufträge erhielt Mozart nicht von ihm, obwohl er sich geziemend um die Gunst des Monarchen bemühte.

Die Prager Krönung Leopolds II. war also der Anlaß für die Scrittura, den Opernauftrag, der Mozart in Wien am 15. Juli 1791 erreichte. Die böhmischen Stände verpflichteten den Impresario des Theaters, Guardasoni, »die Komposition einer neuen Oper zu veranlassen, und zwar über den Stoff des Titus von Metastasio«.[122] Ein schwieriger, ungewöhnlicher Auftrag, denn der damals schon museal wirkende, 57 Jahre alte Text des Klas-

Domenico Guardasoni. Stich von M. Thoenert

sikers unter den Librettisten, Pietro Metastasios (1698–1782), bedurfte einer sehr gründlichen Umarbeitung mit viel Mut, Geist und Fingerspitzengefühl.

Den Textumbau übernahm der mit Guardasoni befreundete sächsische Hofpoet Caterino Mazzolà, den Mozart schon in Dresden kennengelernt hatte und der für einige Monate am Wiener Hof verpflichtet war. Er dürfte seit Mitte Juni 1791 von den Pragern über ihr *Titus*-Projekt informiert gewesen sein. Seine und Mozarts Vorarbeiten für die Krönungsoper – Konzeption, Akzentsetzung, Bereitstellung von Bauelementen – setzten bereits im Juni ein, denn man wußte, daß es nun auf jeden Tag ankam. Obwohl insgesamt rund zehn Wochen zur Verfügung standen, drängte sich die intensivste Arbeitsphase doch auf die letzten drei Wochen zusammen. Denn erst Mitte August kehrte Guardasoni aus Italien zurück und konnte mit Mozart vereinbaren, wer die wichtigste Partie, die des Sextus, singen würde, nämlich der neu aus Italien importierte prominente Kastrat Domenico Bedini.[123]

Titus

Hier zunächst eine knappe Würdigung dieses sehr klassischen und, unterschwellig, zugleich provokativen Werkes. *La clemenza di Tito (Die Milde des Titus)* – der Titel ist Programm: Wer zu einem Spiel über die Milde einlädt, will von einer Gegenwelt erzählen, will ein Fenster öffnen in eine Paradiesessphäre. Die Milde, benachbart der Güte, der Weisheit: eine Provokation. Aber keine feurige, sondern eine stille. Das Radikale der Fragestellung ist ganz innerlich.

Und so ist die Oper. Viele Pastelltöne, schwebende Nuancen, ein »zeitvergessener, hintergründig leuchtender Ton«, ein Pathos der herbstlichen Geistigkeit – diese Oper strahlt in der Tat Milde aus, Abgeklärtheit. In diesem Sinn schreibt Joachim Kaiser: »Es gehört weit mehr Musikalität dazu, die zarten Differenzierungen der Titus-Geschöpfe zu begreifen und ästhetisch zu erleben, als den Figaro zu lieben. Für Cherubino und

LA CLEMENZA

DI TITO,

DRAMMA SERIO PER MUSICA

IN DUE ATTI

DA RAPPRESENTARSI

NEL TEATRO NAZIONALE

DI PRAGA

NEL SETTEMBRE 1791.

IN OCCASIONE DI SOLLENIZZARE

IL GIORNO DELL' INCORONAZIONE

DI SUA

MAESTA L'IMPERATORE

LEOPOLDO II.

NELLA STAMPERIA DI NOB. DE SCHÖNFELD.

Titelseite des ersten Drucks der Oper, 1791

Zerlina zu schwärmen, das ist leicht, das kann auch der stumpfste Opernbesucher. Aber zu ahnen, wieviel sublime, zurückhaltend artifizielle Reinheit und Innigkeit in den Titus einging – dazu bedarf es empfindsamster Wachheit. Die Wunder des Titus entdeckt man, wenn überhaupt, erst spät.«[124]

Versuchen wir die Annäherung von außen. Betreten wir zuerst ein Vorfeld der Oper, ihren historischen Hintergrund, der das Kolorit, die Kostüme, die antike Kulisse zum Stück liefert. Titus (Flavius Vespasianus), 39–82 n. Chr., regierte nur zwei Jahre, in denen es ihm aber durch seinen bürgernahen Stil und sein soziales Engagement gelang, das Vertrauen des Volkes und des Senats zu gewinnen. Als er 42jährig starb, wurde er tief betrauert und als »Kostbarkeit des Menschengeschlechts« geehrt (deliciae generis humani).

Die zehnjährige Amtszeit seines Vaters Vespasian wird als ein Imperium der kompetenten Haushaltung und kulturellen Bemühung gerühmt. Viel vom Nimbus dieses reifen Lebenswerks dürfte auf das Prestige seines Sohnes Titus übergegangen sein. Titus war dreißig Jahre alt, als ihn sein Vater nach Judäa schickte mit dem Auftrag, eine Revolte der Juden niederzuschlagen. Unter seiner Führung besetzten die Römer im Jahr 70 Jerusalem und brannten den Tempel nieder. Der Frieden, den Titus mit martialischen Mitteln in Judäa hergestellt hatte, bestand nahezu ein halbes Jahrhundert.

Die beiden Jahre seiner Regierungszeit sind durch Schicksalsschläge von schwer vorstellbaren Dimensionen gekennzeichnet. Ins erste Jahr seiner Amtszeit, 70 nach Chr., fällt der gewaltige Vesuvausbruch, der Pompeji, Herculanum und Stabiae zerstörte, Teile davon liegen noch heute unter der Lava begraben. Rom selbst wurde im Jahr 80 von einem Brand heimgesucht, der weite Bezirke der Stadt, auch Pantheon und Kapitol, ergriff, dem Feuer folgte eine Pestepidemie. In all diesen Situationen bewährte sich Titus durch gut organisierte Hilfsaktionen und persönliche Zuwendung zu den Opfern. Sein nobles Denken und Handeln haben sich tief ins Gedächtnis seiner Zeitgenossen geprägt.

Die clementia, die Milde, gilt seit Seneca als die edelste Fürstentugend. Sie zeichnet den Herrscher aus als jemanden, der jenseits der Gesetze steht. Er kann in freier Entscheidung jeden begnadigen, der dessen würdig ist. Um den neugekrönten böhmischen König angemessen zu ehren, bot sich *Die Milde des Titus* als das ideale Thema an. Die hier verklärte und verherrlichte Titelfigur mußte – so die bestimmende gesellschaftliche Tradition – so gezeichnet sein, daß sich der gefeierte Fürst mit ihr identifizieren konnte und mußte. Nicht nur seine besonderen persönlichen Qualitäten sah er in dieser Figur gespiegelt. Die Oper zeigte ihm auch die Perspektiven seiner politischen Verantwortung, lehrte ihn seine Pflichten.

La clemenza di Tito ist kein geschichtliches Stück, die tragenden Linien der Handlung sind frei erfunden. Der Librettist Metastasio, an dessen Textkonzept Mozart und Mazzolà ausdrücklich gebunden waren, verlieh ihm aber einen suggestiven »Schein des Historischen«[125] – einerseits durch Details aus antiken Berichten, vor allem von Sueton, andererseits durch wiederholte Anlehnung an die historischen Dramen von Corneille und Racine.[126]

Mozart hat bereits als Vierzehnjähriger (in Mailand) Metastasios *La clemenza di Tito* gesehen, und zwar mit der Musik von Johann Adolf Hasse. Dort in Mailand erhielt er auch eine Ausgabe der gesammelten Werke Metastasios geschenkt. Eine Reihe von Kompositionen, die er vor 1775 schrieb, folgen Metastasios Texten.[127]

Als Mozart sich 1791 erneut mit Metastasio konfrontiert sah, stand er ihm kritisch, um nicht zu sagen respektlos, gegenüber. Nur so ist seine überaus nüchterne Bemerkung zu verstehen, daß aus Metastasios Vorlage allein durch den tiefgreifenden Umbau, den der Bearbeiter Caterino Mazzolà vornahm, eine in Mozarts Sinn echte Oper entstehen konnte: *ridotto a vera opera el Sig:re Mazzola* – »verwandelt in eine richtige Oper durch Herrn Mazzolà«.[128] Daß er selbst es war, der dem Bearbeiter vorschlug, welche Schnitte und Ergänzungen wo auszuführen seien, verschweigt er diskret.

Wir heute würden das, was Mozart und Mazzolà mit dem Text Metastasios machten, so nennen: Sie benützten ihn als

Steinbruch und stellten mit dem Material ein neues Werk her. Viele Bauteile, auch umfangreichere, werden fast unverändert übernommen, neue tragende Elemente werden hinzugefügt. Da Mozart und Mazzolà einen Sinn für die poetischen Schönheiten des Metastasio-Buchs haben, lassen sie sprachliche Nuancen passagenweise unangetastet. Kritisch sind sie, was die dramatische Energie, die musische Vielfalt, die geistige Spannung des Stückes betrifft. Die Akte werden neu geschnitten: statt drei Akten hat die Oper nun zwei. Jeder Akt kulminiert in einem hochdramatischen Finale. Die Handlung wird gestrafft. An die Stelle des schablonenhaften Wechsels Rezitativ – Arie – Rezitativ – Arie tritt eine breite Palette von Möglichkeiten: Arien und Rezitativtexte werden umgebaut, ergänzt zu Duetten, Terzetten und anderen Ensembles. Mehrere Stücke, darunter das berühmte Rondo *Non più di fiori* (Nr. 23), entstehen neu.

Die Partitur ist in einer unglaublich knappen Zeit entstanden. Die Teile, in denen Vitellia, Sextus und Annius auftreten, konnten, da die Sänger noch nicht feststanden, vor Mitte August nur bruchstückhaft entworfen werden, diese Teile wurden also in den zehn Tagen bis zur Abreise nach Prag und auf der Reise niedergeschrieben. Die nur vom Cembalo begleiteten Rezitative (Seccorezitative) delegierte Mozart an seinen Schüler Franz Xaver Süßmayr (1766–1803), nur so konnte die Oper termingerecht vorliegen. Es bleibt Raum für eine Spekulation.

Hat Mozart, in Anbetracht des Zeitdrucks, dieses Werk in demselben Maß mit Herzblut geschrieben wie etwa seinen *Don Giovanni*, seine *Zauberflöte* oder sein *Requiem*? Falls die Oper *Titus* zu einem Teil mehr aus der meisterlichen Virtuosität schöpft als aus der innigsten geistigen Notwendigkeit – so begegnen wir hier jenem erstaunlichen Licht, das auch während mancher streckenweise sehr flüssig ablaufender Schaffensphasen einem solchen Genius doch mühelos zur Verfügung steht.

Der Schwerpunkt der Geschichte, so wie Mozart bzw. Mazzolà sie erzählen, ist ein inwendiger. Es geht um die Person des Kaisers Titus, der – darüber kommt kein Zweifel auf – eine Personifikation der Großmut und Güte ist. Was das Stück lehren soll und in glasklarer Weise lehrt, steht von vornherein fest: Die fürstliche Größe dieses Kaisers wird sich durch alle Anfechtungen und Krisen hindurch bewähren. Er ist, barockes wie auch antikes Modell vom wahren Kaiser, Gott ähnlich, also fertig, er kann gar nicht vollkommener werden, als er schon ist. Damit die tödlichen Bedrohungen und Gefahren entstehen, aus denen die fürstliche Größe sieghaft hervorgehen kann, müssen Katastrophen übermenschlichen Ausmaßes über ihn hereinbrechen.

Der erste Höhepunkt ist der Brand des Kapitols, auf den zunächst der Gang des Geschehens zuläuft – das Finale des ersten Aktes. Handelndes Zentrum ist das Naturereignis, der Brand. Die Personen werden vom Geschehen ergriffen und bewegt, die Einzelstimmen verschränken sich mit den aus dem Hinter-

Der Brand des Kapitols (*Titus* I, 12–14).
Radierung von A. Rosmäßler, 1795

grund wie mit den Flammen Roms gemeinsam brennenden Schreckensschreien des Chors. Der zweite dramatische Höhepunkt ist die Erkenntnis des Titus, daß sein nächster Freund ihm nach dem Leben getrachtet hat, und die Versuchung, ihn – dem Gesetz folgend – mit dem Tod zu bestrafen. Seine quasi unbeugsame Milde siegt erneut, er begnadigt den Verräter und schließlich auch den Mitverräter:

Und will mich die Welt
eines Irrtums anklagen,
so klage sie mich des Mitgefühls an,
nicht der Härte. (II,11)

Die zentrale Aufgabe des Dramas ist es, die Milde, dieses keineswegs leichte Thema, zu definieren, faßbar zu machen, die Großmut, das Vergebenkönnen als Zeichen von Verstand und Stärke zu zeigen. Den deutlichsten Hinweis darauf, wie seine Milde zu verstehen ist, gibt Titus selbst, in einer kleinen Wendung versteckt, am Ende der Oper. Die Quelle für seinen Großmut ist das Sichtreubleiben. In sich ruhend, hat er diese Stärke:

sia noto a Roma,
ch'io son lo stesso, e ch'io
tutto so, tutti assolvo,
e tutto oblio.

Rom möge sich klarmachen,
daß ich derselbe bleibe, und daß ich
alles weiß, alles vergebe
und alles verzeihe. (II, 17)

Damit sich in diesem Stück, das um die unwandelbare Mitte Titus kreist, überhaupt Konflikte, Risse, Brüche entwickeln können, müssen katastrophenträchtige Gestalten den Kaiser umstellen. Der Katastrophe als Naturzustand nahe steht Vitellia, die zu fast allem entschlossene Prinzessin mit terroristischen Zügen, die den Kaiser rasend liebt. Sie will neben ihm Kaiserin sein, und als er ihr Vorhaben nicht sofort akzeptiert, ist ihr jedes Mittel recht, seinen Tod zu arrangieren. Daneben gibt es Sextus, den Intimfreund des Kaisers, der zugleich sein Intimverräter ist. Hinter diesen beiden Tätern von starker krimineller Energie treten die beiden anderen, berechenbareren Partner zurück – Servilia und Annio.

Dies sind die Gestalten, aus denen und mit denen die Oper den Gedanken der Milde entwickelt, die – diese Frage drängt sich bei näherer Betrachtung des Werkes auf – womöglich eine verborgene Provokation gegen das monarchische System überhaupt ist. Ist die Großmut, die absolute Güte letztlich die Infragestellung, die geistige Aufhebung des Prinzips Macht? Eine Frage am Rande dieses Stücks, das aus der Spannung zwischen Absolutismus und autonomem Denken entstanden ist.

Die Krönungsfeier

Tauchen wir nun ein in die aufregenden Tage vor der Prager Premiere. Am 25. August reisen Wolfgang und Constanze nach Prag ab, begleitet von Mozarts Schüler Franz Xaver Süßmayr, dem befreundeten Klarinettisten Anton Stadler und vielleicht auch Caterino Mazzolà; einen Tag vor dem Kaiser, am 28. August, treffen sie in Prag ein. Sie wohnen zum Teil in der Stadt, zum Teil in der Villa Bertramka.[129] Am 2. September dirigiert Mozart zunächst im Ständetheater seinen *Don Giovanni* in Anwesenheit von Kaiser und Kaiserin, »das Theater war stark von Lustern beleuchtet, und die kaiserlichen Logen verziert«.[130]

Der große Tag ist dann der 6. September. Am Vormittag wird Kaiser Leopold II. im Prager Veitsdom zum König der Böhmen gekrönt; die Festmusik dirigiert Antonio Salieri. Den feierlichen Abschluß des Krönungstags bildet die Uraufführung der Oper *La clemenza di Tito* im Ständetheater. Der Kaiser und seine Gemahlin, die bourbonische (in Italien aufgewachsene) Maria Ludovica von Spanien, erscheinen mit ihrem Hofstaat eine Stunde verspätet im Theater. Während der Aufführung faßt die Kaiserin ihr Urteil in die farbenfrohen Worte »typisch deutsche Schweinerei« zusammen (»una porcheria tedesca«) und bekräftigt das in einem späteren Brief an ihre Schwiegertochter: »die Musik war miserabel« (»la musique très mauvaise«).[131] Mögen diese nicht gerade sehr kompetenten Stimmungsäußerungen auf persönliche Indisposition oder politische Manipulation, auf wer weiß welche gesellschaftlichen Manöver oder Intrigen zurückzuführen sein – der Mißklang war perfekt und hatte zur Folge, daß die Oper »nach der ersten feyerlichen Vorstellung fast gar nicht mehr besucht ward«.[132]

Erst nachdem das turbulente Krönungsfest verklungen war, unter dessen »Geräusch« man »die einfachen Schönheiten Mozartscher Kunst« nicht angemessen wahrnahm, fand *Titus* bei den »wirklichen Kennern« doch noch die gebührende Aufnahme.[133]

Bemerkenswert, daß gerade dieses Werk, Mozarts »klassischstes«, dann in der ersten Hälfte des 19. Jahrhunderts seine großen Erfolge hatte – eine Wertung, die uns auch bei Mörike wieder begegnet. Repräsentativ ist die Einschätzung Niemetscheks (1797), die das klassizistische Verständnis aufnimmt, aber auch darauf ausstrahlt:

»La Clemenza di Tito wird [...] für die vollendetste Arbeit Mozarts gehalten. Mit einem feinen Sinne faßte Mozart die Einfachheit, die stille Erhabenheit des Charakters des Titus, und der ganzen Handlung auf, und übertrug sie ganz in seine Komposition [...] Das Finale des 1ten Aktes ist gewiß die gelungenste Arbeit Mozarts, ja wohl aller dramatischen Tonsetzungen; Ausdruck, Charakter, Empfindung wetteifern darinn den größten Effekt hervorzubringen [...] Unter allen Chören, die ich gehört habe, ist keiner so fließend, so erhaben und ausdrucksvoll, als der Schlußchor im 2ten Akte; unter allen Arien, keine so lieblich, so voll süßer Schwermuth, so reich an musikalischen Schönheiten, als das vollkommene Rondo in F, mit dem oblig: Baßethorne, Non pui di fiori im 2ten Akte.«[134]

Das beherrschende Bühnen- und Gesangsereignis des Abends war offensichtlich die Sängerin der Vitellia, die erst 24jährige Primadonna Maria Marchetti-Fantozzi, die »bei ihrer edlen Bildung, schwarzen Augen und Haaren von der Natur

Maria Marchetti-Fantozzi spielte die Vitellia in *Titus*.
Kupferstich von Friedrich Wilhelm Bollinger

selbst zur Heldin gebildet« war.[135] Daß für die Architektur der Bühne der in Diensten des Fürsten Esterházy stehende Pietro Travaglia eigens nach Prag angereist war, unterstreicht einmal mehr, daß man keine Mittel gescheut hatte, sich um die Gunst des neugekrönten Monarchen aufs erlesenste zu bemühen.

Mit Sicherheit haben Mozart und andere musikalische Zeugen der Premiere vor allem den Glücksfall, den Glanz dieses Werkes und seiner Verwirklichung begriffen und gefeiert; und die Dissonanzen zwischen Kunst und Macht, zwischen Bühne und Königsloge vielleicht nur en passant erlitten. Was Mozart

Domenico Bedini spielte den Sextus. Zeichnung eines unbekannten Künstlers

noch nicht wissen konnte: Sie bedeuteten auch das Ende einer vom Glück begünstigten Zusammenarbeit mit dem Wiener Hof. So war diese Premiere für Mozart, ihm unbewußt oder nur halb bewußt, ein Abschied im mehrfachen Sinn. Wenn berichtet wird, daß Mozart bei seinem Auszug aus Prag Tränen in den Augen gehabt habe,[136] so mögen auch Momente einer Ahnung im Spiel gewesen sein, daß es ein endgültiger Abschied war.

Vier Tage nach der Uraufführung besuchte Mozart die Prager Freimaurerloge »Zur Wahrheit und Einigkeit«. Dort wurde seine Kantate *Die Maurerfreude* aufgeführt, offenbar zum Gedächtnis des prominenten böhmischen Freimaurers Ignaz von Born, der sieben Wochen zuvor in Wien verstorben war. Mozart hatte diese Kantate (KV 471) für Tenor, dreistimmigen

Männerchor und Orchester 1785 als Hommage an Born, den Naturforscher, komponiert. Einen Eindruck vom gedanklichen Inhalt mag der (von Franz Petran stammende) Text der ersten Strophe vermitteln:

Sehen, wie dem starren Forscherauge die Natur
Ihr Antlitz nach und nach enthüllet,
wie sie ihn mit hoher Weisheit
voll den Sinn und
voll das Herz von Tugend füllet:
Das ist die Maureraugenweide,
wahre, heiße Maurerfreude.[137]

Gegen Mitte September traten Wolfgang und Constanze, zusammen mit Süßmayr, die Rückreise nach Wien an.

Tod

Wahrscheinlich gibt es nur eine Stadt, die den begründeten historischen Anspruch erheben kann, sich Mozart-Stadt zu nennen. Das ist weder Salzburg noch Wien, sondern Prag.[138]

Eines der vielen Zeichen, die das bekräftigen, ist: das große, das geziemende festliche Trauern um Mozart fand nicht in Wien, sondern in Prag statt, und zwar am 14. Dezember 1791, also neun Tage nach seinem Tod, in der Kirche St. Nikolaus auf der Kleinseite (Kostel sv. Mikulášé na Malé Straně, Malostranské náměstí). Mozarts Biograph Franz Xaver Niemetschek berichtet: »Nie gab es ein so rührendes und erhabenes Trauerbegängniß. Ein Chor von 120 Personen aus den besten Künstlern Prags ausgewählt, die alle mit wehmüthigen Eifer sich dazu angebothen hatten, unter der Direktion des braven Strobachs führte das meisterhafte Requiem unsers berühmten Landsmannes Rosetti mit einem so schwermuthsvollen Ausdrucke auf, daß es nothwendig auf das versammelte Volk den tiefsten Eindruck machen mußte. Mehr als 3000 Menschen waren da beysammen – alle gerührt, alle voll Wehmuth über den frühen Tod des entrissenen Künstlers!«[139] Der böhmische Komponist F. A. Rosetti (F. A. Rösler), den Niemetschek erwähnt, war ein Schüler von František Dušek. Überliefert ist, daß auch dessen Frau Josepha Duškova an der Feierlichkeit mitwirkte.

Mozarts früher Tod hat über zweihundert Jahre lang Herzen und Köpfe beunruhigt und zu immer neuen wilden Spekulationen und Legenden gereizt. Nicht weil der Tod Mozarts ein Sensationsthema ist, sondern weil es an der Zeit ist, die echten Vorgänge ohne Scheu, ohne Beschönigungen anzusehen und beim Namen zu nennen, sollen sie hier in aller Kürze dargestellt werden.

Es war ein sehr exotischer Tod, den man atmosphärisch durchaus zu dem Stil seines riskanten, nomadischen, zutiefst

Die Kirche St. Nikolaus auf der Kleinseite, vollendet 1755.
Zeichnung von Leopold Peukert, 1794

ungeschützten Lebens in Beziehung setzen kann. Am 28. September 1791 beendet Mozart die Arbeit an der *Zauberflöte* mit dem Priestermarsch (Nr. 9) und der Ouvertüre. Die Oper wird am 30. September in Schikaneders Theater im Freyhaus auf der Wieden uraufgeführt. Mozart dirigiert die ersten beiden Vorstellungen. Im Oktober und November arbeitet Mozart am *Requiem*. Er vollendet Introitus und Kyrie ganz, von den Teilen 2 bis 9 schreibt er alle Singstimmen und die wesentlichen instrumentalen Partien nieder. Zu den Teilen 10 bis 12 (Sanctus, Benedictus, Agnus Dei) hinterläßt er Vorentwürfe, die innerhalb der Bearbeitung Süßmayrs als integrierte Elemente überliefert sind. Neben dem *Requiem* entsteht unter anderem noch die *Kleine Freimaurerkantate*, Mozart dirigiert ihre Uraufführung am 18. November in seiner Loge. Zwei Tage später legt er sich krank nieder.

Über die Entwicklung der kurzen Krankheit bis zum Tod sind wir durchaus unterrichtet.[140] Um die wirklichen Abläufe angemessen begreifen und werten zu können, ist ein kurzer Abstecher in die Medizingeschichte unumgänglich. Das ausgehende 18. Jahrhundert war eine in sich widerspruchsvolle, desorientierte, wenn nicht tragische Epoche in der Geschichte der Medizin. Die Entwicklung einer wissenschaftlich fundierten, analytisch bemühten Medizin stand noch ganz am Anfang. Auf der anderen Seite ging das ganzheitliche Wissen der traditionellen (Volks-)Medizin nach und nach verloren oder wurde als Aberglaube ganz verachtet. Theorie und Praxis der Hygiene steckten erst in den Kinderschuhen. Es war also kaum die Schuld eines einzelnen Mediziners, wenn ein Patient falsch behandelt wurde; es spiegelte nur den Zustand seiner Zunft.

Das Vertrauen vor allem intellektueller Kreise in die Ärzteschaft war gering, die Beziehung vom Patienten zum Arzt oft durch Angst gekennzeichnet. Wenn ein namhafter österreichischer Feldmarschall dafür bekannt war, daß er seine Pistole dazu benutzte, sich die Ärzte vom Leib zu halten, so mag das eine grimmige Pointe sein, es schildert aber etwas von der allgemeinen Stimmung gegenüber diesem Berufsstand.[141]

Zu den traditionellen Techniken schon der mittelalterlichen

Medizin, durch die aufgeklärten Ärzte kritiklos weiterpraktiziert, gehörte die Therapie durch innere Reinigung mittels Aderlaß, Blutegel, Brechmittel, Abführen, Schröpfen. So wurde etwa noch zu Anfang des 18. Jahrhunderts zur Heilung der Melancholie der möglichst vollständige Blutaustausch empfohlen.[142]

Wenn Mozart in jenem November innerhalb weniger Tage mindestens viermal zur Ader gelassen wurde,[143] steht ein so gigantischer Eingriff in keinem auch nur entfernten Verhältnis zur Erkrankung, die als »rheumatisches Entzündungsfieber« bezeichnet wurde. Die Blutmenge dieses sehr schmächtigen Körpers kann kaum mehr als fünf Liter betragen haben. Er hat innerhalb kürzester Zeit zwei bis zweieinhalb Liter, also fast die Hälfte davon, verloren. Der Verlust von einem Liter Blut löst beim Erwachsenen heutiger, also viel größerer Statur bereits einen Schock mit Symptomen wie Atemnot, Herzjagen, Blässe, Schweißausbruch aus. Der Verlust von 2 Litern Blut führt zum Zusammenbruch des Kreislaufs, also normalerweise zum Tod. Die Blutregeneration durch den eigenen Körper ist bei Abnahme von einem halben Liter in frühestens zwei Wochen möglich. Mozart ist am Blutverlust gestorben, den ihm der Arzt zufügte. Gar keine Behandlung wäre unvergleichlich besser gewesen als diese.

An der Diagnose ändert auch die Tatsache nichts, daß es einer der berühmtesten Ärzte Wiens war, nämlich Mozarts Hausarzt Dr. Thomas Franz Closset, der die maßlosen Aderlässe und darüber hinaus die wiederholte Gabe von Brechmitteln, wohl auch Abführmitteln veranlaßte, durch das immer elendere Befinden des Patienten unbeirrt und so lange, bis der Patient ausgetrocknet und mit seiner Lebenskraft am Ende war.[144]

Am 1. März 1792, drei Monate nach Mozart, stirbt Kaiser Leopold II., 45jährig. Auch sein Leibarzt Lagusius wendet den Aderlaß gnadenlos bis zum Tod des Patienten an. Dieser sensationelle Tod schreckt tatsächlich weite Kreise auf. Die Diskussion erreicht auch den Thüringer Arzt Samuel Hahnemann, der die Gelegenheit ergreift, seine radikale Kritik an der Medizin seiner Zeit zu formulieren und die gängige Aderlaßpraxis als kapitalen Kunstfehler öffentlich anzuprangern. Obwohl der Patient vom Fieber schon geschwächt war, habe ihn sein Leibarzt zur Ader gelassen, was an sich schon abzulehnen sei; dann habe er, als die Besserung ausblieb, einen zweiten, einen dritten, ja einen vierten Aderlaß vorgenommen. Hahnemann: »Die [ärztliche] Kunst fragt, wie man [...] einem abgemagerten, durch Anstrengung des Geistes und langwierigen Durchlauf entkräfteten Manne 4mal binnen 24 Stunden den Lebenssaft abzapfen dürfe, immer, immer ohne Erleichterung. Die Kunst erblaßt.«[145] Ob dieser Aufsatz bewirken konnte, daß der eine oder andere Arzt vorsichtiger wurde in seiner Aderlaßroutine, ist nicht bekannt. Der kaiserliche Leibarzt Lagusius übrigens antwortete öffentlich, versprach eine ausführliche Darstellung des Falles – und blieb sie schuldig.

Zurück zu Mozart. Die Berichte stimmen darin überein, daß Mozart bis zwei Stunden vor seinem Tod »bey vollkommenem Verstande« blieb. Glaubhaft ist die Überlieferung, daß er auf dem Sterbebett noch seinem Schüler Süßmayr Hinweise zur Vollendung des *Requiems* gab: »Da war der Sissmaier bey M: am Bette dan Lag auf der Deke das Bekante Requem und M: Explicirte jhm wie seine Meinung seie dass er es Nach seinem Todte Vollenden sollte.«[146]

In der Nacht vom 4. auf den 5. Dezember nahm der Arzt erneut einen Aderlaß vor und verordnete noch »Kalte Umschläge über seinen Glühenden Kopfe welche jhn auch so erschitterten, dass Er nicht mehr zu sich Kam bis er nicht Verschieden«. Die bei Mozarts Tod anwesende Schwägerin Sophie Haibl (vielleicht medizin-kritischer als die Mozarts selbst) verurteilt ausdrücklich die Maßnahmen des Arztes, sie »meynt, Mozart sey in seiner Krankheit nicht zweckmässig behandelt worden«, statt einer angemessenen, sanften Behandlung habe man »ihm zu Ader gelassen und kalte Umschläge auf den Kopf gemacht, worauf die Kräfte zusehens geschwunden und er in Bewusstlosigkeit gefallen sey, aus der er nicht wieder zu sich kam«.[147] Am 5. Dezember, früh fünf Minuten vor 1 Uhr, starb Mozart.

Dieser Tod ist eine Art Unfall. Bei einem iatrogenen – durch den Arzt verursachten – Tod wie diesem drängt sich, je geringer die persönliche Distanz ist, um so mehr der Eindruck des Zufälligen auf. Gleichgültig, wie genau die Zeitzeugen das Geschehen gekannt haben: Das Abrupte dieses Todes ist schwer zu akzeptieren. Das ist sicher der Hauptgrund, warum sich die Sage vom Mord so hartnäckig halten konnte.[148]

Die Einsegnung findet in der Wiener Kreuzkapelle (innerhalb des Stephansdoms) statt, vermutlich in Anwesenheit eines größeren Kreises von Verwandten und Freunden. Für den Weg vom Dom zum Grab gibt es, gemäß der puritanisch aufgeklärten Begräbnisordnung Kaiser Josephs II., kein Geleit. Der Leichnam wird erst bei Dunkelheit zum Friedhof (St. Max) gebracht. Er wird, wie es die geltende Begräbnisordnung vorschreibt, aus dem schlichten Sarg, in dem er überführt wurde, genommen und in Leinentuch gehüllt begraben. Ein – in Österreich nur vorübergehend gültiger – Brauch, der an die in islamischen Ländern weitverbreitete Tradition erinnert, die Toten nur in Tücher eingebunden zu begraben.

Die Größe des Verlustes hat keiner so erkannt wie Joseph Haydn: »Die Nachweld bekommt nicht in 100 Jahren wider ein solch Talent.«[149]

Mörikes Mozart

Mit »Mozart in Prag« verbinden die meisten Leser gemeinhin Eduard Mörikes Novelle »Mozart auf der Reise nach Prag« (1855). Schon darum gehört in dieses Buch ergänzend eine Betrachtung dieses Textes. Vor allem aber: Mörike – »von der Art der süßen, starken Quellen, die auch im Verborgenen und sogar unterirdisch ihren Weg finden«, wie Hermann Hesse urteilt[150] – hat hier eine Erzählung geschrieben, Albrecht Goes nennt sie »ein wahres Juwel«,[151] die nicht nur eine der »schönsten deutschen Novellen« ist, sondern ganz sicher auch die poetischste. Daß sie alle literarischen Texte, die um das Thema Mozart kreisen, »weit überragt«,[152] kommt auch von Mörikes sehr sorgfältigem Mozart-Verständnis, von dieser lebenslang gehüteten Wahlverwandtschaft.

Nur so ist es möglich, daß aus Mörikes Vorhaben, ein Mozart-»Charaktergemälde« zu entwerfen, eine ganz und gar phantastische Erzählung entstanden ist, deren Nähe zu Mozart, deren Porträttreue dennoch »realistisch durch und durch« ist.[153] Die Bestätigung kommt aus der Musikfachwelt: Der Mozartforscher H. Abert vermutet, Mörike habe »in das Wesen dieser Künstlerseele einen weit tieferen Blick getan als die Biographen, die sie über dem Sammeln und Analysieren geschichtlicher Tatsachen ganz aus den Augen verloren«.[154]

In diesem späten Werk laufen viele Linien zusammen, die Mörikes Leben und Arbeit existentiell bewegt haben, eine sehr versteckt kritische, eine philosophisch-hintersinnige und natürlich die musikalische, um nur drei davon zu nennen. Auch wenn die Novelle von der Vielfalt der »Töne«, über die Mörike verfügt, nur einige benutzt, kann man sie doch als eine Art Summa lesen, dazu berechtigt die Dichte und Qualität des Textes.

Musik ist für Mörike ein Lebenselixier, das ihn, einer Droge ähnlich, völlig bestimmen und beherrschen kann – so schon der 17jährige in einem Brief an Wilhelm Waiblinger: »Wirklich thut die Musik eine unbeschreibliche Wirkung auf mich – oft ists wie eine Krankheit, aber nur periodisch. Ich sage Dir, eine bewegliche, nicht gerade traurige Musik – oft eine fröhliche, kann mir manchmal mein Innerstes lößen[...] Wenn die Musik dann abbricht, möchte ich in meiner Empfindung v. einer hohen Mauer herabstürzen, möchte ich sterben [...]«[155]

Die Vorstellung vom makrokosmischen Hören ist Mörike, dem Landsmann Johannes Keplers, so vertraut, daß sie in seiner Dichtung häufig wiederkehrt, das Lauschen auf den »Lichtgesang« der Sterne, der »Sphärenklang« im »blauen Saal« des Himmels, das »ewige Lied« der Gestirne sind ihm und seinen Gestalten bekannt.[156] Da wundert nicht, daß der alte Mörike den feinen philosophischen Spaß eines befreundeten Theologen mit Vergnügen aufgreift, den dieser dem (aus dem Jenseits grüßenden) Joseph Haydn in die Feder legt. In »Haydns Brief« heißt es: »Es wird Ihnen kaum glaubhaft erscheinen, wenn ich Ihnen sage, daß zu uns, was auf dieser Erdenwelt geschieht, gesprochen und geschrieben wird, in der Form von Tönen herüberkommt.« Das, was da herüberkommt, klingt allerdings oft reichlich verstimmt – für den, der an die Harmonien der dort hörbaren Sphärenmusik gewöhnt ist. Mörike hat sich den fingierten Brief wörtlich abgeschrieben.[157]

Mörike schätzte Haydn; Händels »Messias«, »eines der herrlichsten Tonstücke«, ist in den »Nolten«-Roman eingegangen. Seine tiefste Treue und Verehrung aber galt Mozart. Er kannte und liebte *Die Entführung aus dem Serail, Così fan tutte,* das *Requiem*. Ein besonderes privates Verhältnis verband ihn mit *Titus*. Da gab es nämlich in Mörikes Garten ein geheimnisvolles Instrument, mit dem es »genau so wie ich sage seine Richtigkeit hatte«, gemeint ist jenes »Hinterpförtchen«:

Eduard Mörike. Fotografie 1854

Wie manches liebe Mal stieß ich
Den Riegel auf an der geschwärzten Gattertür
Und bog das überhängende Gesträuch zurück,
Indem sie sich auf rostgen Angeln schwer gedreht! –
Die Tür nun, musikalisch mannigfach begabt,
Für ihre Jahre noch ein ganz annehmlicher
Sopran (wenn sie nicht eben wetterlaunisch war),
Verriet mir eines Tages – plötzlich, wie es schien,
Erweckt aus einer lieblichen Erinnerung –
Ein schöneres Empfinden, höhere Fähigkeit.
Ich öffne sie gewohnter Weise, da beginnt
Sie zärtlich eine Arie, die mein Ohr sogleich
Bekannt ansprach. Wie? rief ich staunend: träum ich
denn?
War das nicht »Ach nur einmal noch im Leben« ganz?
Aus Titus, wenn mir recht ist? – Alsbald ließ ich sie
Die Stelle wiederholen; und ich irrte nicht!
Denn langsamer, bestimmter, seelenvoller nun
Da capo sang die Alte: »Ach nur einmal noch!«
Die fünf, sechs ersten Noten nämlich, weiter kaum
[...][158]

Die Tür drehte sich nach den Noten des Sextus (II, 10): *Deh per questo istante solo*. Es muß einer wirklich tief im Kosmos Mozarts leben, um so hören zu können.

Am 15. August 1824, Mörike ist noch nicht zwanzig Jahre alt, hört er zum erstenmal *Don Giovanni*. Die Oper wird für Mörike zum Inbegriff des Jenseitig-Großen, Unheimlichen, bleibt für ihn verbunden mit dem Gedanken an den Tod. Noch zwanzig Jahre später ist *Don Giovanni* für ihn Teil seiner schmerzhaften »Nolimetangere-Vergangenheit«. Von einem später, mehr fragmentarischen *Don-Giovanni*-Abend berichtet Mörike 1843: »[Ernst Friedrich] Kaufm[ann] hatte sich in währendem Gespräch mit uns mechanisch vor das offene Clavier gesezt u. war v. ungefähr ins erste Finale des Don Juan gerathen. Der Strauß sang stellenweise, ungebunden, aus der Erinnerung mit. Solche zufälligen Concertstreifereien, wobei der

Spieler unversehens wärmer, der Vortrag bald ganz ernsthaft u. die Aufmerksamkeit der Gesellschaft ungetheilt wird, sind ganz vorzüglich reizend.«[159] Es ist dann schon gezielte Vorbereitung auf die Novelle, wenn sich Mörike am 18. Oktober 1850 in Regensburg die Oper anhört.

Es ist klar, Mörikes dichterische Vision führt auf ganz anderen Wegen zu Mozart, als es unser Text versuchte; diesem Mörike-Exkurs kommt hier die Funktion eines Kontrapunktes, vielleicht auch eines Korrektivs zu. Einerseits ist es ein großer Genuß, den Reichtum dieser Erzählung aufzunehmen. Andererseits ist es gar nicht so leicht, zwischen Mörikes märchenverwandten, »schwebenden« Zusammenhängen und Bildern die genauere Linie dieses Porträts zu lesen.

Der Dichter selbst war schlau genug, sich auf historische Details kaum einzulassen. Den (keineswegs bescheidenen) Anspruch seines Textes definierte er so: Er »ist im Ganzen heiter, der Stoff dazu erfunden, doch der Mensch, wie ich hoffe, wahr«.[160] Wie wahr also ist Mörikes Mozart? Um es summarisch vorwegzunehmen: Sein Bild stimmt in überraschend vielen Zügen mit dem überein, das wir heute von Mozart haben: dem Bild einer sperrigen, in sich widersprüchlichen Persönlichkeit.

Mörikes Anliegen ist es, das bürgerliche Klischee des liebenswürdigen Rokoko-Musikus zu konterkarieren, den Leser an die »Nachtseite« dieses Geistes zu führen. Gerade dieser Spur lohnt es sich nachzugehen.

Die Novelle spielt an einem einzigen Reisetag des Ehepaars Mozart auf dem Weg nach Prag, zur Uraufführung des *Don Giovanni.* Prag kommt, wie schon der Titel sagt, nur als fernes Ziel vor – dort wird das Ereignis dann stattfinden, an dessen Vorbereitung uns die Erzählung, gewissermaßen hinter den Kulissen, teilhaben läßt. Neben seinem Musikverstand und seiner künstlerischen Phantasie hatte Mörike übrigens eine weitere Quelle: Er benutzte die in drei zierlichen Duodezbändchen erschienene aktuelle Mozart-Biographie des russischen Diplomaten und Musikschriftstellers Aleksandr Dmitrievic

Ulybyšev (deutsch 1847), die frühere Darstellungen einarbeitet.[161] Wenn Mörike den Komponisten immer wieder vor den unruhigen Horizont gegensätzlicher Kräfte und Bewegungen stellt, kann er sich auch auf Ulybyšev berufen, der Mozart als den »lebendigen Widerspruch« deutet.[162]

Der Duft

So, wie die Novelle beginnt, lockt sie den Leser zunächst auf eine falsche Fährte. Sie beginnt trocken, wie mit der dünnen Stimme eines pedantischen Chronisten gesprochen. Aber das geht nur einige Takte lang. Dabei liegen die geographischen Daten historisch richtig: Die Rede ist von Mozarts zweiter Pragreise. (Den Zeitpunkt allerdings hat Mörike erfunden: Wolfgang und Constanze reisten am 1. Oktober von Wien ab.)

»Im Herbst des Jahres 1787 unternahm Mozart in Begleitung seiner Frau eine Reise nach Prag, um Don Juan daselbst zur Aufführung zu bringen.

Am dritten Reisetag, den vierzehnten September, gegen eilf Uhr Morgens, fuhr das wohlgelaunte Ehepaar noch nicht viel über dreißig Stunden Wegs von Wien entfernt, in nordwestlicher Richtung, jenseits vom Mannhardsberg und der deutschen Thaya, bei Schrems, wo man das schöne Mährische Gebirg bald vollends überstiegen hat.« (7)[163]

Und nun geht die Regie sofort unbeschränkt in die Hände der Phantasie über. Die Kutsche und die Kleidung der Reisenden werden eingehend geschildert, und dann kommt beiläufig, knapp das folgende Intermezzo:

»Man war eine sanft ansteigende Höhe zwischen fruchtbaren Feldern, welche hie und da die ausgedehnte Waldung unterbrachen, gemachsam hinauf und jetzt am Waldsaum angekommen.

›Durch wie viel Wälder‹, sagte Mozart, ›sind wir nicht heute, gestern und ehegestern schon passirt! – Ich dachte nichts dabei, geschweige daß mir eingefallen wäre, den Fuß hinein zu setzen. Wir steigen einmal aus da, Herzenskind, und holen von den blauen Glocken, die dort so hübsch im Schatten stehn. Deine Thiere, Schwager, mögen ein bischen verschnaufen‹.

Indem sie sich beide erhoben, kam ein kleines Unheil an den Tag, welches dem Meister einen Zank zuzog. Durch seine Achtlosigkeit war ein Flacon mit kostbarem Riechwasser aufgegangen und hatte seinen Inhalt unvermerkt in die Kleider und Polster ergossen. ›Ich hätt' es denken können‹, klagte sie ›es duftete schon lang so stark! O weh, ein volles Fläschchen ächte Rosée d'Aurore rein ausgeleert! Ich sparte sie wie Gold.‹ – ›Ei, Närrchen‹, gab er ihr zum Trost zurück, ›begreife doch, auf solche Weise ganz allein war uns dein Götter-Riechschnaps etwas nütze. Erst saß man in einem Backofen und all dein Gefächel half nichts, bald aber schien der ganze Wagen gleichsam ausgekühlt; du schriebst es den paar Tropfen zu, die ich mir auf den Jabot goß; wir waren neu belebt und das Gespräch floß munter fort, statt daß wir sonst die Köpfe hätten hängen lassen wie die Hämmel auf des Fleischers Karren; und diese Wohlthat wird uns auf dem ganzen Weg begleiten.‹« (8/9)

Wer Mörike kennt, ahnt, daß hinter dieser nur nebenbei erzählten Episode eine Botschaft stecken könnte. Blättern wir zunächst einige Seiten in unserer Novelle weiter, so finden wir einen Hinweis auf die »Lebensweise Mozarts in seiner häuslichen Verfassung. Der Vorwurf thörichter, leichtsinniger Verschwendung lag sehr nahe; er mußte sich sogar an einen seiner schönsten Herzenszüge hängen. Kam Einer, in dringender Noth ihm eine Summe abzuborgen, sich seine Bürgschaft zu erbitten, so war meist schon darauf gerechnet, daß er sich nicht erst lang nach Pfand und Sicherheit erkundigte; dergleichen hätte ihm auch in der That so wenig als einem Kinde angestanden. Am liebsten schenkte er gleich hin, und immer mit lachender Großmuth.« (16)

Zum Stichwort Verschwendung. Mörike beruft sich da auf seinen Gewährsmann Ulybyšev: »Wenn Mozart, statt stets für seine Freunde offene Tafel und Börse zu haben, sich eine wohlverschlossene Sparbüchse gehalten hätte [...] wenn er nur Wasser getrunken und keiner Frau außer der seinigen den Hof gemacht hätte, so würde er sich besser befunden haben und die Seinigen ebenfalls. Wer zweifelt daran? allein von diesem Philister hätte man wohl keinen Don Juan erwarten dürfen.«[164]

Anders als Ulybyšev verteidigt Mörike nicht, er erzählt. Seine Meinung läßt er aber durchaus durchblicken: Solche Verschwendung deutet auf Format des Denkens, der Seele, der Lebensentscheidungen.

Allerdings würde er die Sache mit dem Duft nicht so plakativ herausheben, lägen dahinter nicht weitere Bedeutungsebenen. Im Gespräch mit Constanze kommt Mozart auf die Vergänglichkeit der Dinge zu sprechen: »Allmittelst geht und rennt und saust das Leben hin.« (13) Der Erzähler führt den Gedanken weiter:

»Man konnte ihn nach Tisch einen Tag wie den andern am Billard im Kaffeehaus, und so auch manchen Abend im Gasthof finden. Er fuhr und ritt sehr gerne in Gesellschaft über Land, besuchte als ein ausgemachter Tänzer Bälle und Redouten und machte sich des Jahrs einigemale einen Hauptspaß an Volksfesten, vor allen am Brigitten-Kirchtag im Freien, wo er als Pierrot maskirt erschien.

Diese Vergnügungen, bald bunt und ausgelassen, bald einer ruhigern Stimmung zusagend, waren bestimmt, dem lang gespannten Geist nach ungeheurem Kraftaufwand die nöthige Rast zu gewähren; auch verfehlten sie nicht, demselben nebenher auf den geheimnißvollen Wegen, auf welchen das Genie sein Spiel bewußtlos treibt, die feinen flüchtigen Eindrücke mitzutheilen, wodurch es sich gelegentlich befruchtet. Doch leider kam in solchen Stunden, weil es dann immer galt, den glücklichen Moment bis auf die Neige auszuschöpfen, eine andere Rücksicht, es sey nun der Klugheit oder der Pflicht, der Selbsterhaltung wie der Häuslichkeit, nicht in Betracht. Genießend oder schaffend kannte Mozart gleich wenig Maß und Ziel [...] Seine Gesundheit wurde heimlich angegriffen, ein je und je wiederkehrender Zustand von Schwermuth wurde, wo nicht erzeugt, doch sicherlich genährt an eben diesem Punkt, und so die Ahnung eines frühzeitigen Todes, die ihn zuletzt auf Schritt und Tritt begleitete, unvermeidlich erfüllt.« (14–16)

Auf wenigen Blättern entwickelt Mörike am Anfang der Novelle ein Denkbild aus dem anderen: Duft – Verströmen – Vergehen – Erschöpfung – Tod. Von hier führt eine Brücke zum Schluß der Erzählung: »Es ward ihr so gewiß, so ganz gewiß, daß dieser Mann sich schnell und unaufhaltsam in seiner eigenen Gluth verzehre, daß er nur eine flüchtige Erscheinung auf der Erde seyn könne, weil sie den Ueberfluß, den er verströmen würde, in Wahrheit nicht ertrüge.« (86)

Die Duftgeschichte, scheinbar gewichtlos, schlägt gleich zu Beginn Themen an, die im Lauf der Erzählung Farbe und Gewicht erhalten werden. Zugleich stellt sie, das geht von der Materie Duft aus, eine Art Aura der heiteren Schönheit her, die den Text begleiten wird.

Zwei Jahre vor der Mozart-Novelle erschien Mörikes Märchen »Die Hand der Jezerte«. Dort spielt der Duft eine Schlüsselrolle. Der »süße Duft«, den im Märchen das Marmorbild verströmt, ist ein Zeichen für die Unschuld des Mädchens Jezerte. Der Topos stammt aus dem Hohelied Salomos. Der Wohlgeruch ist dort ein Attribut des verschlossenen Gartens, der jungfräulichen Geliebten.[165]

Es gibt eine unterschwellige Verbindungslinie vom Duft der Pomeranze, die Mörikes Mozart später im fremden Garten, in paradiesischer Atmosphäre und in einem paradiesischen Moment brechen wird, zu dem Paradiesesbild vom süßen Duft im Märchen und in der Novelle. Die spielerische Beziehung zum Gedanken der Unschuld drängt sich auf. Bilder, die man wohl dort lassen sollte, wo sie sind: im Hintergrund der unscharfen Assoziationen.

Die Pomeranzen

Von der kostbaren Duftdroge (»wie Gold«) führt eine direkte Linie zur »duftigen Frucht« der Pomeranze (27), die in unserem Text eine wichtige Rolle spielen wird. Mozart »lenkte seine Schritte auf vielfach gewundenen Pfaden, indem er sich allmählig den lichteren Partien wieder näherte, dem lebhaften Rauschen eines Springbrunnens nach, den er sofort erreichte.

Das ansehnlich weite, ovale Bassin war rings von einer sorgfältig gehaltenen Orangerie in Kübeln, abwechselnd mit Lorbeeren und Oleandern umstellt; ein weicher Sandweg, gegen den sich eine schmale Gitterlaube öffnete, lief rund umher. Die Laube bot das angenehmste Ruheplätzchen dar; ein kleiner Tisch stand vor der Bank und Mozart ließ sich vorn am Eingang nieder.

Das Ohr behaglich dem Geplätscher des Wassers hingegeben, das Aug auf einen Pomeranzenbaum von mittlerer Größe geheftet, der außerhalb der Reihe, einzeln, ganz dicht an seiner Seite auf dem Boden stand und voll der schönsten Früchte hing, ward unser Freund durch diese Anschauung des Südens alsbald auf eine liebliche Erinnerung aus seiner Knabenzeit geführt. Nachdenklich lächelnd reicht er hinüber nach der nächsten Frucht, als wie um ihre herrliche Ründe, ihre saftige Kühle in hohler Hand zu fühlen. Ganz im Zusammenhang mit jener Jugendscene aber, die wieder vor ihm aufgetaucht, stand eine längst verwischte musikalische Reminiscenz, auf deren unbestimmter Spur er sich ein Weilchen träumerisch erging. Jetzt glänzen seine Blicke, sie irren da und dort umher, er ist von einem Gedanken ergriffen, den er sogleich eifrig verfolgt. Zerstreut hat er zum zweitenmal die Pomeranze angefaßt, sie geht vom Zweige los und bleibt ihm in der Hand. Er sieht und sieht es nicht; ja so weit geht die künstlerische Geistabwesenheit, daß er, die duftige Frucht beständig unter der Nase hin und her wirbelnd und bald den Anfang, bald die Mitte einer Weise unhörbar zwischen den Lippen bewegend, zuletzt instinktmäßig ein emaillirtes Etui aus der Seitentasche des Rocks hervorbringt, ein kleines Messer mit silbernem Heft daraus nimmt und die gelbe kugelige Masse von oben nach unten langsam durchschneidet. Es mochte ihn dabei entfernt ein dunkles Durstgefühl geleitet haben, jedoch begnügten sich die angeregten Sinne mit Einathmung des köstlichen Geruchs. Er starrt minutenlang die beiden innern Flächen an, fügt sie sachte wieder zusammen, ganz sachte, trennt und vereinigt sie wieder.

Da hört er Tritte in der Nähe, er erschrickt, und das Bewußtseyn, wo er ist, was er gethan, stellt sich urplötzlich bei ihm ein.« (26/27)

Der Klang des Springbrunnens, dem sich der Aufnehmende nur »hingeben« muß, deutet schon auf die Gegenwart des Schöpferischen. Der musisch Bewegte muß nach dem Ganzen greifen, muß die Vollendung zu sich herunterholen: das Pflükken der Pomeranze deutet auf die künstlerische Eingebung. Die gesamte Atmosphäre, die Farbe, der Duft dieses Bildes erzählen differenzierte Nuancen vom Vorgang der Intuition. Die eigenartige Leichtigkeit des Zugriffs, diese – aus der eng-bürgerlichen Perspektive eher verdächtige – Selbstverständlichkeit: Sie ist das Kennzeichen des großen Geistes.

Woher nimmt dieser Künstler die Sicherheit, im rechten Augenblick den richtigen Traum, die richtige Melodie zu pflükken? Mörikes Antwort lautet: Es ist der besondere Zustand jener schöpferischen Geistesabwesenheit, die man ebenso Geistesanwesenheit nennen könnte, jene andere, tiefere Wachheit. Weil der musisch Schaffende auf seine Vision, auf die Genauigkeit seiner geistigen Figur konzentriert ist, nimmt er von den Dingen um sich nur das Wesentliche wahr. Grenzen der Konvention, Grenzen des Besitzes existieren in diesem Augenblick nicht für ihn, der nach anderen Gesetzen denkt und erfindet. Er ist geleitet von der »wissenden Traumseele«, von der Mörike weiß: Sie »strahlt und wirkt von ihrer Nacht- oder Traumseite aus in das wahre Bewußtsein herüber«.[166] Die künstlerische Eingebung ereignet sich im Helldunkel zwischen dem vordergründigen und dem tieferen Bewußtsein, in der Novelle ist das die Laube: der Ort, wo Licht und Dunkel zusammenspielen. Mozart »sieht es und sieht es nicht«, wenn er berührt und aufnimmt, was ihn berührt.

Berührung. Das ist das Stichwort für einen weiteren Aspekt des Pomeranzenrätsels, das Mörike uns aufgibt.

> Ich bin wie trunken, irr' geführt,
> O Muse, du hast mein Herz berührt
> Mit einem Liebeshauch![167]

Die Begegnung mit dem Schöpferischen ist wie eine elektrische Berührung, die den Getroffenen aus der Bahn und in eine andere Bewußtseinsebene wirft, er lebt nun, anwesend-abwesend zugleich, in einer neuen Sphäre der Freiheit und Heiterkeit. Dies ist die Beschreibung nicht nur des Aktes der künstlerischen Intuition, sondern auch des mystischen »Augenblicks«, wie ihn die pietistische Überlieferung schildert. Bei Mörike, der mit der pietistischen Gedankenwelt sehr genau vertraut war (die »goldnen Namen« der großen schwäbischen Pietisten werden im »alten Turmhahn«[168] respektvoll aufgezählt), ist diese Dimension zu beachten, wenn von Traum, Berührung, Eingebung die Rede ist. Die mystische Quelle, aus der das pietistische Denken schöpft, ist gerade in der Erfahrung des »großen Augenblicks« noch unverfälscht wirksam. Um ein authentisches Beispiel zu finden, müssen wir nur im sechsten Buch von Goethes »Lehrjahren« blättern. In diesem prominentesten pietistischen Zeugnis (das Goethe, mit schriftstellerischer Distanz, unter dem Titel »Bekenntnisse einer schönen Seele« veröffentlicht) ist der große Augenblick die Station der geistigen Befreiung: »Nun hatte ich aber seit jenem großen Augenblicke Flügel bekommen. Ich konnte mich über das, was mich vorher bedrohete, aufschwingen, wie ein Vogel singend über den schnellsten Strom ohne Mühe fliegt.«[169]

Ob Mörike vom »süßen Erschrecken« spricht, von dem »Freudenschein«, der »in mir aufzückt«, oder vom »fliegenden Blitz der Gedanken«[170] – es geht immer um den Augenblick der geistigen Berührung (pietistisch gesagt: der Erweckung). Nicht früher und nicht später löst sich die Pomeranze vom Baum, es ist genau der richtige Augenblick, in dem sie Mozart in die Hand fällt. In diesem Augenblick ist sie reif.

Wer die Novelle kennt und weiß, daß sie am Ende in eine – sehr leise – Todesahnung einmündet, wird in dem Pomeranzenbaum noch einen weiteren Gedanken vermuten. Das Brechen der Frucht, die Ernte, meldet immer auch ein Hereinwirken des Todes an, erinnert an die Todes-Nachbarschaft mitten im Leben.

Im weiteren Text vertieft Mörike die Pomeranzengeschichte durch eine eingebaute hochpoetische Miniatur, die Erzählung einer »Jugenderinnerung« des Komponisten. Mozart erinnert sich an ein Wasserfest in der Bucht von Neapel, zu dem er »als dreizehnjähriges Bürschchen« eingeladen war; Kernstück der musikalischen »Comödie« ist das Orangenspiel, das in der Luft zwischen zwei Schiffen entsteht, die Mädchen auf dem einen, die jungen Männer auf dem anderen Schiff:

»Eine der Jungfrauen machte den Anfang und schickte für's erste ein paar Pomeranzen aus leichter Hand hinüber, die, dort mit gleicher Leichtigkeit aufgefangen, alsbald zurückkehrten; so ging es hin und her, und weil nach und nach immer mehr Mädchen zuhalfen, so flog's mit Pomeranzen bald dem Dutzend nach in immer schnellerem Tempo hin und wieder [...] es waren gegen vierundzwanzig Bälle unaufhörlich in der Luft, doch glaubte man in der Verwirrung ihrer viel mehr zu sehen. Manchmal entstand ein förmliches Kreuzfeuer, oft stiegen sie und fielen in einem hohen Bogen; kaum ging einmal einer und der andere fehl, es war, als stürzten sie von selbst durch eine Kraft der Anziehung in die geöffneten Finger.« (41/42)

Wenn das Pflücken der Pomeranze im Garten vor allem etwas über den großen künstlerischen Augenblick erzählt, so ist der Luft-Wasser-Orangentanz ein großflächig entfaltetes Bild vom Entwerfen, vom Auffangen und Empfangen, vom Erfinden und Erschaffen eines Musikstücks. Die vielfältigen instrumentalen und vokalen Stimmen zueinander in Beziehung setzen, miteinander verknüpfen, ineinanderfügen zu können, für diese akrobatische Kunst des Komponierens findet Mörike hier das luftige Bild der Orangen-Jonglerie; das feine Kolorit aus Himmels-, Meeres-, Goldtönen rückt die Szene ins Durchsichtig-Mozartische. Dies erkennt die (von Mörike erfundene) musikalische Verbündete Mozarts, Eugenie: »Mir däucht, [...] wir haben hier eine gemalte Symphonie von Anfang bis zu Ende gehabt, und ein vollkommenes Gleichniß überdieß des Mozartischen Geistes selbst in seiner ganzen Heiterkeit!« (44) Das Wunder der inspirierten Partitur: Die scheinbar mühelose Verwebung aller Linien, Figuren, Spannungen, das Zusammentreffen aller Intentionen in einem Rhythmus – für dies alles lassen sich im Gleichnis des Pomeranzenspiels Entsprechungen finden. Mörike siedelt das Fest nicht zufällig in Neapel an, der Heimat der Oper in ihren beiden hochbarocken Formen.

Wenn Interpreten mit Vorliebe die erotischen Züge dieses Balletts hervorheben, so nehmen sie einen Aspekt des Bildes wahr; der Kuß der Tänzer (43) ist aber vor allem die glückliche Verschmelzung der melodischen Elemente.

Das Schloß

Den Hauptschauplatz seiner Novelle verlegt der Autor in ein Schloß, das eine halbe Tagesreise nordwestlich von Schrems liegt. Für dieses Schloß hat man nach konkreten Vorbildern gesucht. Das Ergebnis dieser reizvollen Bemühung ist die Hypothese, es handle sich um das Schloß Gratzen (Nové Hrady) in Südböhmen. Sie läßt sich nur schwer nachvollziehen. Mörike, der böhmischen Boden nie betreten hat, hätte bei der Erfindung seiner Novelle ein oder zwei verzweifelt entlegene Schriften kennen müssen, die tatsächlich Gratzen als einen Ort der Musikpflege erwähnen.[171]

Um einen Schloßgarten im Stil der Mozartzeit und ein Schloß »von modernem Ansehen« (24) im Sinn des Rokoko meisterlich zu beschreiben, verfügt Mörike über alle Instrumente der spielerisch zu verteilenden poetischen, malerischen und musikalischen Kunst, abgesehen von seinem Hintergrund an persönlichen Eindrücken. Für die Schloßpark-Atmosphäre allgemein ist etwa an das Mergentheimer Schloß zu denken.

Prägende Kraft hat auf Mörike aber vor allem die Stadt seiner Kindheit, Ludwigsburg. Nicht nur Residenz und Schloßpark, sondern die ganze Stadt ist italienisch konzipiert. Das Schloß der Novelle erinnert deutlich an das in den Jahren 1718–1727 erbaute italienische Lustschloß Favorite, das Mörike auch in seinem »Maler Nolten« erwähnt.[172] Es liegt am nördlichen Ende des Ludwigsburger Schloßparks, sein besonderes Merkmal sind zwei weit nach vorn laufende Freitreppen und eine krönende Balustrade: »Es war von italienischer Bauart, hell getüncht, mit weit vorliegender Doppeltreppe; das Schieferdach verzierten einige Statuen in üblicher Manier, Götter und Göttinnen, sammt einer Balustrade.« (24/25)

Ludwigsburg, Schloß Favorite, Südansicht. Stich um 1800

Wer sind die Menschen, die dieses Schloß bevölkern? Bei einem Text, der die Begegnung eines Künstlers mit einer Gesellschaft schildert, könnte man mindestens die Andeutung der, mehr oder weniger tiefen, Differenzen zwischen ihm und der Gesellschaft erwarten. Nichts davon bei Mörike: »Es gibt im Bereich dieser Geselligkeit, abgesehen von scherzhaften Disputen, keinen Konflikt, alles ist aufeinander abgestimmt.«[173] In Wirklichkeit ist für Mörike alles Sich-anpassen-Müssen doch das Schlimmste, was einem geistig Arbeitenden passieren kann:

und meine schlimmste Plage,
Den Fratzen der Gesellschaft mich zu fügen,
Hier wird sie mich doch endlich nicht bekriegen,
Wo ich auf eig'ne Weise mich behage.[174]

Die Gesellschaft, die Mörike in der Novelle zeichnet, ist keine reale, sondern eine ganz und gar phantastische. Die ganze Welt des Schlosses ist in eine utopiehelle Heiterkeit und Wärme getaucht. Es ist die abgeklärte Utopie des reifen Mörike und als solche eine sanfte, aber darum nicht weniger nachdrückliche Kritik an der Gesellschaft, wie sie ist. Abgeklärt im Vergleich zu jenem phantasmagorischen Traum von der Insel Orplid, den der junge Mörike einst träumte, jener Vision einer schicksallosen Landschaft, in der Poesie, Liebe, Nachtwind und Sphärenmusik regieren.

Das ausschlaggebende Kriterium dieser utopischen Gesellschaft ist: Sie nimmt den geistig Arbeitenden auf (der als einzelner, von nichts als dem Zufall und seiner Intuition geleitet, den Schloßgarten betreten hat). Dieses Aufnehmen heißt nicht nur, er ist ihr Gast im materiellen Sinn. Sondern vor allem, sie öffnet sich für das, was er ihr zu sagen, zu geben hat. Sie schafft für ihn, für seine künstlerische Vision den Raum des Zuhörens, der ihre Realisierung ermöglicht. Darüber hinaus tut sie einen dritten Schritt, sie stellt ihm eine Frage: »geben Sie uns, ich bitte Sie, einen Begriff, wie Ihnen war, da Sie in jener Nacht die Feder weglegten!« (81) Mit dieser Frage aus ihrer Mitte erklärt sich die Gesellschaft bereit, sich von einer fremden, unheimlichen Antwort berühren zu lassen, denn es ist der Tod, dessen stete Präsenz Mozart in seiner Antwort andeuten wird (82).

Die Luft, die diese uropische Gesellschaft atmet, ist die einer subtilen Menschlichkeit. Sie trägt den ganzen Text. In den Worten Benno von Wieses: »Die bezaubernde Menschlichkeit mutet wie eine Rückkehr in das Paradies an.«[175]

Am Schluß der Novelle schenkt der Schloßherr seinem Gast eine Kutsche – symbolische Geste nicht nur für das ethisch-soziale Engagement dieser Gesellschaft, sondern auch für ein Zu-Ende-Denken, das den Gast auf seinem Weg weiterbegleiten wird.

Überhaupt: die Kutsche ist in dieser Novelle das Gegenbild zum Schloß. Sie spielt im Hintergrund des Textes die Rolle einer immer wieder flüchtig vorüberziehenden Mahnung. Der Wagen gemahnt an das Leben Mozarts. Es ist ja das Leben eines Gastes. Mit der Reise beginnt die Geschichte, in die Reise mündet sie ein. Und ganz in der Ferne, in jenem »Volkslied« am Textende, taucht schon das Ziel der Reise auf. Jene Wegstrecke, auf der das Gefährt nur noch »schrittweis« bewegt wird.

Die Oper *Don Giovanni* nimmt in der Novelle einen besonderen Rang sein, weil es ja die Reise nach Prag, zur *Don-Giovanni*-Uraufführung ist, die der Text dichterisch gestaltet. Zwei Passagen der Oper erleben wir gleichsam während der Fabrikation hautnah mit. Das erste ist die ländliche Hochzeitsszene I, 7. »In der Laube beim Brunnen« (45/46) ist ihm die entscheidende Melodie dieser Szene eingefallen, so wie er in diesem Augenblick jene reife Pomeranze pflückte, und »Ich hörte die wechselnden Stimmen des Brautpaars, die Dirnen und Bursche im Chor« (46). Während Mörike diese volksliednahe Szene nur andeutet, steigt er beim Bericht über die andere *Don-Giovanni*-Passage tief in die Reflexion großen musikalischen Geschehens ein. Es handelt sich um die entscheidende Begegnung zwischen Giovanni und dem Komtur. Mörike hebt die beiden Kernstücke heraus, die Friedhofszene II, 11 und die Szene beim Nachtmahl II, 15. Die Vorankündigung der Passage klingt eher ungefährlich – ließe nicht das Wörtchen ›Höllenbrand‹ aufhorchen:

»Es war schon fast acht Uhr, man nahm den Thee. Bald aber sah sich unser Musiker an sein schon am Mittag gegebenes Wort, die Gesellschaft näher mit dem ›Höllenbrand‹ bekannt zu machen, der unter Schloß und Riegel, doch zum Glück nicht allzutief im Reisekoffer lag, dringend erinnert. Er war ohne Zögern bereit. Die Auseinandersetzung der Fabel des Stücks hielt nicht lange auf, das Textbuch wurde aufgeschlagen und schon brannten die Lichter am Fortepiano.« (75)

Um die Beschreibung der »durch Mark und Seele« gehenden Komtur-Töne vorzubereiten, fügt Mörike zunächst eine Betrachtung ein:

»Wir wünschten wohl, unsere Leser streifte hier zum wenigsten etwas von jener eigenthümlichen Empfindung an, womit oft schon ein einzeln abgerissener, aus einem Fenster bei'm Vorübergehen an unser Ohr getragener Accord, der nur von dorther kommen kann, uns wie elektrisch trifft und wie gebannt festhält [...] Der Mensch verlangt und scheut zugleich aus seinem gewöhnlichen Selbst vertrieben zu werden, er fühlt, das Unendliche wird ihn berühren, das seine Brust zusammenzieht, indem es sie ausdehnen und den Geist gewaltsam an sich reißen will [...]« (75/76)

Zuerst die Friedhofszene. Mozart berichtet von ihrem Entstehen und trägt sie dann vor:

»›Ich griff einen Accord und fühlte, ich hatte an der rechten Pforte angeklopft, dahinter schon die ganze Legion von Schrekken bei einander liege, die im Finale loszulassen sind. [...]‹ Er löschte ohne weiteres die Kerzen der beiden neben ihm stehenden Armleuchter aus, und jener furchtbare Choral: ›Dein Lachen endet vor der Morgenröthe!‹ erklang durch die Todtenstille des Zimmers. Wie von entlegenen Sternenkreisen fallen die Töne aus silbernen Posaunen, eiskalt, Mark und Seele durchschneidend, herunter durch die blaue Nacht.« (79/80)

Der erschreckend andere, Mörike würde wohl sagen sphärische, Klang dieser Takte (215–219) entsteht durch den plötzlichen Wechsel der Tonart in d-Moll, durch die fahle Instrumentation (2 Oboen, 2 Klarinetten, 2 Fagotte, 3 Posaunen, Cello und Kontrabaß) sowie durch die starr monotone Führung der steinernen Stimme. Originellerweise bezeichnet Mörike, gegen die Fachterminologie, diese kurze musikalische Einheit als einen Choral.

Wer will, kann im Silber der Posaunen den Hinweis auf einen jenseitigen (Mond-)Zauber erkennen und sich erinnern an die Hochzeitsnacht mit Peregrina – »Wo der Mondstrahl um Lilien zuckte« – oder an das silberne Messer, mit dem Mozart in der Laube am Brunnen die Pomeranze »durchschneidet« (27), so, wie die Posaunentöne durch die Seele schneiden. Diese Töne, wie sie hier über die Hörenden herabstürzen, lassen unmittelbar an die mythische Welt der Johannes-Apokalypse denken, und mit Recht hat man auf einen späten Mörike-Text hingewiesen, der ein holzschnittähnliches Traumgesicht von den apokalyptischen Reitern entfaltet:

»[...] diese Figuren hoben sich auf dem schrecklichen rothbraunen Firmament wie schwarze Schatten ab. Es war als hätten sie einander an diesen Ort bestellt und hätten eilig etwas abzureden. Als dies geschehen war, kehrten sie sich mit den Pferden nach den vier Gegenden des Himmels und jeder hob eine Posaune an den Mund, darein er stieß: es war ein einziger, entsetzenvoller, doch prächtiger Accord, den sie im Auseinandersprengen – ein jeder jagte grade vor sich hin – mehrmals gleichtönig wiederholten. Der Eine, welcher abendwärts stürmte, kam hart an mir vorbei.«[176]

Der Anlauf zum zweiten Gipfel des Textes ist knapp. Das Bild vom Aus-sich-herausgerissen-Werden kehrt wieder:

»Es folgte nun der ganze lange, entsetzenvolle Dialog, durch welchen auch der Nüchternste bis an die Grenze menschlichen Vorstellens, ja über sie hinaus gerissen wird, wo wir das Uebersinnliche schauen und hören. [...] Menschlichen Sprachen schon entfremdet, bequemt sich das unsterbliche Organ des Abgeschiedenen, noch einmal zu reden. [...]Und wenn nun Don Juan, im ungeheuren Eigenwillen den ewigen Ordnungen trotzend, unter dem wachsenden Andrang der höllischen Mächte, rathlos ringt, sich sträubt und windet, und endlich untergeht, noch mit dem vollen Ausdruck der Erhabenheit in jeder Geberde – wem zitterten nicht Herz und Nieren vor Lust und Angst zugleich? Es ist ein Gefühl, ähnlich dem, womit man das prächtige Schauspiel einer unbändigen Naturkraft, den Brand eines herrlichen Schiffes anstaunt. Wir nehmen wider Willen gleichsam Partei für diese blinde Größe und theilen knirschend ihren Schmerz im reißenden Verlauf der Selbstvernichtung.« (80/81)

Der apokalyptische, der Weltgerichts-Aspekt, den die Posaunen eröffnet haben, wirft über die Szene ein unheimliches Licht. »Auch der Nüchternste« gibt, dem Geschehen folgend, die Position des rechthabenden Zuschauers auf und wird von der Festlichkeit und Größe dieses Untergangs erfaßt. Die »unbändige Naturkraft« Feuer stellt die bürgerlichen Begriffe in den Schatten.

Mit dem Stichwort Feuer verbindet jeder, der Mörike kennt, die Rätselgeschichte vom »Feuerreiter«. Die Ballade mit diesem Titel setzt sich aus Stücken abergläubischer Überlieferung zusammen: Der das Feuer von weitem spürt, der das Feuer durch Besprechen in den Griff bekommt – er ist, nach bürgerlichen Maßstäben, ein vom Wahnsinn Besessener.[177] Wenn man »das prächtige Schauspiel einer unbändigen Naturkraft, den Brand eines herrlichen Schiffes anstaunt«, wird man wider Willen vom Feuer angesteckt: Triumph des Wahnsinns. Denn es ist Wahnsinn, sein Schiff zu verbrennen, sich selbst also zu vernichten – das wird ja in der Novelle erzählt.

Der Wahnsinn ist dem großen Geist durchaus ein Vertrauter (»Nun ja, mir schwankte wohl zuletzt der Kopf«[178]), der aber nicht die dominierende, sondern eine dienende Rolle zu spielen hat. Die betont rationalen, auch heiteren Worte, mit denen Mozart seine Rückkehr vom künstlerischen Grenzbereich über den nächtlichen Wortwechsel mit Constanze bis zum ausgedehnten gesunden Schlaf beschreibt, deuten die Souveränität des Genius an, des Magiers, der selbst die Mittel des radikalen Feuers zu bändigen und künstlerisch umzusetzen vermag.

Der Tod

Mörikes Erzählung schließt mit einem Gedicht über den Tod. Das Denken an den Tod ist zwar nicht, wie gelegentlich behauptet wird, die zentrale Botschaft der Novelle. Es ist ein Seitenthema, das aber den ganzen Text begleitet. Neben und unter den verspielt heiteren, den nachdenklichen und auch den festlichen Bildern der Dichtung ist von Anfang an immer schon wie ein leises Pochen der memento-mori-Gedanke vernehmbar. Er verbirgt sich bereits in der kleinen Episode mit dem Duftwasser – Gleichnis für das Verströmen, lautloses Signal der Nähe des Todes. Und kaum ist der kurze Waldgang der beiden Pragreisenden zu Ende, resümiert Mozart: »Die Erde ist wahrhaftig schön, und keinem zu verdenken, wenn er so lang wie möglich darauf bleiben will«. (11) Immer wieder taucht im Text die Reflexion der Vergänglichkeit auf, in Worten, die an Barockgedichte erinnern: »geht und rennt und saust das Leben hin« (13). Auch um die scheinbar leichtgewichtige

Geschichte vom Pomeranzenbrechen geistern, wie angedeutet, Todestöne. Und sehr ungemütlich wird es, wenn dann ein härterer Ton angeschlagen wird, ein »Accord, der nur von dorther kommen kann« (76). Am Horizont der Nacht erscheinen die Alarmzeichen der Posaunen und das Bild vom brennenden Schiff ... aber stets in der Atmosphäre einer freundschaftlichen, auf heitere Töne gestimmten Gesellschaft.

Warum gibt Mörike in seiner Novelle dem Aspekt des Todes dieses Gewicht? Zweifellos geht es ihm ja darum, Mozart zu dienen, seine Gestalt so »wahr« wie möglich darzustellen und irritierende Akzente nicht auszusparen. Es ist also Mozart-stimmig, wenn die Novelle »im Ganzen heiter«[179] und durchsichtig konzipiert ist, aber auch das Undurchsichtigste, den Tod, genau thematisiert.

Es wäre aber nicht Mörike, würde er die Vision des Todes nicht einfügen in einen größeren, gartenhaften Zusammenhang. Dieses Kunststück vollbringt der Epilog der Novelle (85–88). Er spielt in einer Art Niemandssphäre: äußerlich in den Räumen, in denen die Begegnung zwischen Mozart und der Schloßgesellschaft stattfand – aber die Mozart-Kutsche hat den Ort verlassen. Die Stimmung des Abschieds, durch den »wir wieder ganz nur auf uns selber angewiesen sind« (85), erfüllt diesen Zwischen-Raum, aus dem sich die Farben des frischen menschlichen Austauschs schon zurückziehen. Und jene Gedanken über den Tod, die während der ganzen Erzählung im Hintergrund ruhig warteten, beginnen Gestalt anzunehmen. Sie versammeln sich im Gemüt der Eugenie. Sie ist der Mensch, der Mozart geistig und musikalisch umfassend versteht, gleichsam die Mozart-Antenne dieses Kreises. Sie ist es, der es nun in ihrem Rückblick auf die festliche Begegnung rasch »gewiß, so ganz gewiß« wird, »daß dieser Mann sich schnell und unaufhaltsam in seiner eigenen Gluth verzehre« (86). Natürlich versuchen die Freunde, denen sie ihre dunklen Gedanken andeutet, diese »Befürchtungen« zu zerstreuen. Sie durchstreift die leeren Zimmer, zufällig fällt ihr ein Blatt in die Hände, »die Abschrift eines böhmischen Volksliedchens, das Franziska früher, auch wohl sie selbst, manchmal gesungen. Sie nahm es auf, nicht ohne darüber betreten zu seyn. In einer Stimmung wie die ihrige wird der natürlichste Zufall leicht zum Orakel. Wie sie es aber auch verstehen wollte, der Inhalt war der Art, daß ihr, indem sie die einfachen Verse wieder durchlas, heiße Thränen entfielen.

Ein Tännlein grünet wo,
Wer weiß, im Walde;
Ein Rosenstrauch, wer sagt,
In welchem Garten?
Sie sind erlesen schon,
Denk es, o Seele,
Auf deinem Grab zu wurzeln
Und zu wachsen.

Zwei schwarze Rößlein weiden
Auf der Wiese,
Sie kehren heim zur Stadt
In muntern Sprüngen.
Sie werden schrittweis gehn
Mit deiner Leiche;
Vielleicht, vielleicht noch eh'
An ihren Hufen
Das Eisen los wird,
Das ich blitzen sehe!«

Das Gedicht[180] setzt wirklich wie ein Volkslied ein, scheinbar kunstlos, reiht Bild an Bild, verzichtet auf alles Glänzende. Weit jenseits des Volksliedhaften steht aber der Grundgedanke, der so einfach gesagt ist, daß er tiefe Spuren ins Gedächtnis einträgt. Das liedhafte Melos wird durch zwei philosophische Akzente durchbrochen. »Denk es, o Seele«: Das ist eine Entsprechung zum Worte memento – sei eingedenk, halte die Erinnerung wach. Ein anderes Denk-Bild ist der Blitz. Es wirft sein scharfes Licht über das Gedicht und zurück auf die Novelle. Zunächst bezeichnet es die Funken, die das Hufeisen auf dem Stein schlägt. Darin versteckt sich aber ein mystisch-pietistischer Hintersinn: Blitz des Erkennens. Die inwendige Bedeutung spricht an dieser prominenten Stelle unüberhörbar mit.

Der Todesgedanke ist von blühenden Lebensbildern umgeben. In dieser sommerlichen Landschaft wird nach dem Tod alles so frisch weiterblühen und -grünen wie davor. Zwar stürzen die Todesbilder in ungedämpfter Härte in die Garten-Umgebung herein: Grab, Leiche, Eisen – nichts wird beschönigt. Aber das übergeordnete Gesetz ist auf so helle, so selbstverständliche Weise da, daß die in dem Gedicht versteckte Weisheit, alles ist gefügt, ganz frei von Tragik ist. Alles ist in der Richtigkeit. Der Tod ist ein Teil des Lebensgartens, das memento mori – sei wach für den Tod – stimmt zusammen mit dem carpe diem: ergreife das Hier und Jetzt. Ein blitzend klarer, erstaunlich moderner Schluß, der nicht abschließt, sondern weiterführt.

Anmerkungen

1 R. M. Rilke: Erste Gedichte. Frankfurt/Main 1988, S. 34.
2 I. Bachmann: Die Gedichte. Leipzig 1980, S. 156.
3 B. Brecht: Gesammelte Werke. Frankfurt/Main 1967. Bd. 6, S. 719.
4 Mörike (1997), S. 86.
5 Mozarts Briefe und Aufzeichnungen sowie zeitgenössische Dokumente zu Mozart sind ebenso wie alle Werktitel jeweils kursiv gesetzt und nur mit dem Datum zitiert. Zugrunde liegen die Ausgaben: Wolfgang Amadeus Mozart: Briefe und Aufzeichnungen, hg. v. Wilhelm A. Bauer und Otto Erich Deutsch, Kassel 1962–1975, sowie Mozart. Die Dokumente seines Lebens, hg. v. Otto Erich Deutsch, Kassel 1961. Die Texte der Briefe aus Prag wurden verglichen mit den Briefzitaten in Angermüller (1995).
6 F. Busoni zitiert nach D. Klose (Hg.): Über Mozart. Stuttgart 1991, S. 171.
7 Niemetschek (1808), S. 66 f.
8 Mozart (1962–1975), Bd. 4, S. 199.
9 Giorgio Strehler: Für ein menschlicheres Theater. Frankfurt/Main 1977, S. 141 und 143.
10 Hildesheimer (1980), S. 289.
11 Niemetschek (1808), S. 32 und 88.
12 Ebd., S. 24.
13 Splitt (1998), S. 20 f.
14 I. Kant: Kritik der praktischen Vernunft, Erster Teil, 1. Buch, 1. Hauptstück.
15 Niemetschek (1808), S. 96.
16 Splitt (1998), S. 62–66. Constanze sagte 1829 zu Mary Novello, Mozart war »fond of reading« – Dokumente (1961), Bd. 1, S. 462. Das erwähnte Vorurteil verbreitet auch noch Hildesheimer (1980), S. 202 f.: »als Leser können wir uns Mozart kaum vorstellen«.
17 Strehler (wie Anm. 9), S. 141 f.
18 Abert (1989/1990), Bd. 2, S. 5.
19 C. Floros in: E. Valentin(Hg.): Mozart. Hamburg 1978, S. 82 f.
20 Rilke (wie Anm. 1), S. 33.
21 C. M. v. Weber: Sämtliche Schriften. Berlin, Leipzig 1908, S. 30.
22 In diesem Sinn definiert 1849 Henri Murger die echte Boheme in seinem Kultbuch »Scènes de la vie de Bohème«, das dann als Quelle

für Puccinis Oper (1896) diente. Als Standardwerk zum Phänomen der Boheme gilt H. Kreuzer: Die Boheme. Stuttgart 1971.

23 [Karl] Michael Komma: Das böhmische Musikantentum. Kassel 1960, S. 16.

24 Braunbehrens (1991), S. 315 f., ebd. S. 113.

25 Zitiert nach Schenk (1990), S. 268.

26 Perl (2000), S. 113.

27 Ernst Bloch: Christliche Philosophie des Mitelalters. Leipziger Vorlesungen, Bd. 2, Frankfurt/Main 1985, S. 88.

28 F. Schnabel zitiert nach M. Vogt (Hg.): Deutsche Geschichte. 3. Aufl., Stuttgart, Weimar 1994, S. 270.

29 Schenk (1990), S. 240.

30 Brief von J. T. Kleinhardt an F. Graf Sternberg, 12.–18. April 1786.

31 Nach Braunbehrens (1991), S. 317 f.

32 Niemetschek (1808), S. 38 f.

33 So Nostiz-Rienek selbst in seinem Gründungstext. Zitiert nach O. Teuber: Geschichte des Prager Theaters. Bd. 2. Prag 1885, S. 94.

34 T. Volek in Hilmera (1991), S. 53.

35 Niemetschek (1808), S. 39 f.

36 Ebd., S. 40.

37 Abert (1989/1990), Bd. 2, S. 332.

38 Stepanek zitiert nach Schenk (1990), S. 493.

39 Abert (1989/1990), Bd. 2, S. 342.

40 Rokyta (1997), S. 103.

41 Zitiert nach Strebel (1991), S. 123 f.

42 Nach Splitt (1998), S. 67–69. Die Darstellung Da Pontes in seinen Memoiren (Lorenzo Da Ponte: Mein abenteuerliches Leben. Reinbek 1960) ist durch seine eigenen früheren Angaben (1819) widerlegt.

43 Diese überzeugende Vermutung stammt von Braunbehrens (1991), S. 77 f. Vgl. auch R. Fuhrmann: Mozart und die Juden. Bremen 1994.

44 Titel des Buches von A. Altmann, Stuttgart 1982.

45 Moses Mendelssohn: Phädon oder Über die Unsterblichkeit der Seele. Hamburg 1979, S. 57 f. und 117.

46 Mozart (1962–1975), Bd. 4, S. 53 f.

47 Hans Mayer: Doktor Faust und Don Juan. Frankfurt/Main 1979, S. 125.

48 Stoffels (1998), S. 106.

49 J. Choron: Der Tod im abendländischen Denken. Stuttgart 1967, S. 138.

50 H. Schuler: Mozart und die Freimaurerei. Wilhelmshaven 1991, S. 44.

51 Andreas Gryphius in dem Gedicht »O Gott! was rauhe Not!«

52 Mörike (1997), S. 7.

53 E. E. Kisch zitiert nach D. Arens: Prag. Köln 1991, S. 356.
54 Lorenzo Da Ponte: Mein abenteuerliches Leben. Reinbek 1960, S. 106.
55 Prager Oberamtszeitung, 3. Nov. 1787, zitiert nach Angermüller (1995), S. 194.
56 Paumgartner (1991), S. 383. Abert (1989/1990), Bd. 2, S. 347.
57 R. Kanderabek: In Prag war er glücklich. Prag 1991, S. 46.
58 Prager Oberamtszeitung (wie Anm. 55), S. 103.
59 Zitiert nach Abert (1989/1990), Bd. 2, S. 350.
60 Unsere Erläuterungen folgen Abert (1989/1990), Bd. 2, S. 351f., und Angermüller (1995), S. 95–98.
61 Ebd.
62 Niemetschek (1808), S. 87 f.
63 Der folgende Abschnitt fußt auf den Forschungen von C. Bitter: Wandlungen in den Inszenierungsformen des »Don Giovanni«, Regensburg 1961, passim, und F. Will: Das Volkstheater Kiefersfelden, München 1977, passim.
64 Wir finden originale Kulissenbühnen heute noch in Arnstadt, Lauchstädt und Schwetzingen intakt vor.
65 Josef Platzer (1751–1806). Nach Hilmera (1991), S. 104 f.
66 P. Nettl in Csampai (1981), S. 203 f. H.-J. Ortheil verschiebt in seinem Roman: Die Nacht des Don Juan, München 2000, die Gewichte. Er macht Casanova zum genialen Berater Mozarts und Retter der Oper; der Textautor Da Ponte ist die Negativfigur des Romans. Eine verläßliche Charakteristik Da Pontes und Casanovas gibt A. Lanapoppi in: Mozart: Don Giovanni. Ein Opernführer. Frankfurt/Main, Leipzig 2000, S. 80–92.
67 P. Nettl in Csampai (1981), S. 206 f.
68 Abert (1989/1990), Bd. 2, S. 352.
69 Nürnberg, 28. Sept. 1790; Bozen, 28. Okt. 1772; Kremsmünster, 18. Dez. 1778.
70 Zitiert nach Angermüller (1995), S. 107 f.
71 Einstein (1973), S. 171.
72 Nach Rokyta (1997), S. 18.
73 Gustav Meyrink: Das Haus zur letzten Latern [entstanden 1928]. München, Wien 1973, S. 153. Autor des Textes ist Alfred Schmid Noerr, von dem nahezu alle nach 1925 publizierten Texte Meyrinks stammen.
74 Nach W. Windelband: Lehrbuch der Geschichte der Philosophie. 17. Aufl., Tübingen 1980, S. 315.
75 Zitiert nach K. Vorländer: Philosophie der Renaissance. Reinbek 1965, S. 117 f.
76 Dante: Purg. XXX, 92.

77 Shakespeare: Der Kaufmann von Venedig. 5. Akt, 1. Szene.
78 E. T. A. Hoffmann: Don Juan, 1813. H. de Balzac: L'Elixir de longue vie, 1830. M. de Unamuno: El Hermano o el mundo es teatro, 1934. Th. Rittner: Unterwegs, 1909. Stendhal: De l'amour, 1822. E. Frenzel: Stoffe der Weltliteratur. 9. Aufl., Stuttgart 1998, S. 163 bis 170. J. Wertheimer: Don Juan und Blaubart, München 1999. B. Müller-Kampel (Hg.): Mythos Don Juan, Leipzig 1999.
79 Nach Splitt (1998), S. 67 ff. Da Pontes Lebensdaten: 1749 Ceneda bei Venedig – 1838 New York. Ursprünglicher Name: Emanuele Conegliano. Von Da Pontes Libretti gibt es eine kritische Textausgabe mit Kommentar: L. Da Ponte: Libretti Viennesi. Parma 1999.
80 Zitiert nach K. Honolka: Papageno. Salzburg, Wien 1984, S. 116.
81 Zu den Qualitäten der Texte H. Goertz: Mozarts Dichter Lorenzo Da Ponte. München, Mainz 1988, S. 11 und 207–218.
82 Nach Splitt (1998), S. 247–250.
83 J. Huizinga: Homo Ludens. Reinbek 1966, S. 50: »Ernst sucht Spiel auszuschließen, Spiel jedoch kann sehr wohl den Ernst in sich einbeziehen.«
84 I. Nagel: Autonomie und Gnade. Über Mozarts Opern. München, Kassel 1991, S. 110. W. Felsenstein in Csampai (1981), S. 202.
85 Io moro, I, 3. Lascia ch'io mora anch'io (Laß auch mich sterben), I, 3. Son morta, I, 13. Morrà!, II, 8. Daß ich vor Schmerz sterbe, II, 12.
86 Kaiser (1997), S. 172.
87 E. Frenzel: Stoffe der Weltliteratur. 9. Aufl., Stuttgart 1998, S. 183 bis 170. Vgl. W. Jost: »Ihm tat ich mein Wort auf«. Der Golem in der Literatur. In: Sequenz 7. Nancy 1994, S. 133–136.
88 Hauptquellen für diesen Exkurs: H.Bächtold-Staubli (Hg.): Handwörterbuch des deutschen Aberglaubens. Bd. 8, Berlin 1987, S. 422 bis 427. L. Petzoldt: Der Tote als Gast. Helsinki 1968. L. Petzoldt in H. Zeman (Hg.): Wege zu Mozart. Don Giovanni. Wien 1987, S. 137–144. S. v. Reden: Die Megalith-Kulturen. 6. Aufl., Köln 1989, S. 176 – 183 und 292. W. Scherf: Das Märchen-Lexikon. Bd. 2, München 1995, S. 1222–1225.
89 I. Hampp: Beschwörung Segen Gebet. Stuttgart 1961, S. 23. Vgl. auch ebd., S. 136–140.
90 Ebd.
91 M. Eliade: Schamanismus und archaische Ekstasetechnik. Frankfurt/Main 1975, S. 102 und 72.
92 Zitiert nach Landon (1991), S. 236 f.
93 Zitiert nach Constanze Nissen-Mozart: TageBuch meines Brief-Wechsels in Betref der Mozartischen Biographie. Hg. v. R. Angermüller, Bad Honnef 1999, S. 18.

94 Nissen (1828), S. 415.
95 Zitiert nach Braunbehrens (1991), S. 118.
96 Braunbehrens (1991), S. 104–110.
97 Hildesheimer (1980), S. 253 und 263.
98 Nach Abert (1989/1990), Bd. 2, S. 43.
99 Niemetschek (1808), S. 77.
100 Ebd., S. 94.
101 Ebd., S. 78 f.
102 V. Braunbehrens: Salieri. 2. Aufl., München, Mainz 1992, S. 82.
103 Nach Landon (1991), S. 213. Daß Salieri dem Trauerzug folgte, ist eine ungesicherte Überlieferung: Schenk (1990), S. 580.
104 Nach M. Valmy: Die Freimaurer. München 1988, S. 41. Die Überlieferung von dieser Logengründung ist nicht gesichert.
105 Nach Knepler (1991), S. 168.
106 P. Nettl: Wolfgang Amadeus Mozart als Freimaurer und Mensch. Hamburg 1956, S. 166 f.
107 Zu diesem Begriff J. Rogalla v. Bieberstein in: Reinalter (1993), S. 91.
108 Braunbehrens (1994), S. 167.
109 H. E. Miers: Lexikon des Geheimwissens. 4. Aufl., München 1981, S. 149.
110 R. Vierhaus in: Reinalter (1993), S. 120. Lumen naturale – natürliches Licht.
111 P. Nettl: Wolfgang Amadeus Mozart als Freimaurer und Mensch. Hamburg 1956, S. 61.
112 Zu den Möglichkeiten der Manipulation H. Möller in: Reinalter (1993), S. 212. Borges zitiert nach R. Eddighoffer: Die Rosenkreuzer. München 1995, S. 120.
113 H. Reinalter: Freimaurerische Forschung heute. In: Zeitschrift für Internationale Freimaurer-Forschung 1, 1999, S. 20. N. Schindler in: Reinalter (1993), S. 291.
114 Formulierung des mit Born eng befreundeten J. B. v. Alxinger 1785, zitiert nach R. Lauth: Transzendente Entwicklungslinien. Hamburg 1989, S. 81.
115 Hatzfeld: Mozart 4. April 1787. Denkfreiheit: nach Reinalter (1993), S. 40 f. Zu Born und Mozart: Knepler (1991), S. 174 bis 182.
116 Nach Schuler (wie Anm. 50), S. 93. Knepler (1991), S. 164–170 und 447–464.
117 Kunze (1996), S. 554. Auf die Frage nach den Qualitäten und Unzulänglichkeiten des Librettos im einzelnen einzugehen ist hier nicht der Ort.
118 Nach Perl (2000), S. 113.
119 Ebd., S. 46–48.

120 Ein Weib: Dies sind die Worte des jugendlich lichten Helden Tamino, mit dem sich der Zuschauer identifizieren darf. Wenn demgegenüber der patriarchalisch starre Sarastro darauf beharrt: Ein Mann muß eure Herzen leiten, denn ohne ihn pflegt jedes Weib aus ihrem Wirkungskreis zu schreiten (I, 18), so charakterisieren diese Worte nur seine noch ungeläuterte Denkweise.

121 Mehr zu Leopold II. und Titus: A. Wandruszka: Die ›Clementia Austriaca‹ und der aufgeklärte Absolutismus. In: Österreichische Musikzeitschrift 31, 1976, S. 186–193.

122 Den Vertragstext zwischen den Ständen und Guardasoni druckt T. Volek ab in: Mozart-Jahrbuch 1959, S. 281 f.

123 Zur Titus-Vorbereitungszeit vgl. Braunbehrens (1991), S. 408.

124 Stoffels (1998), S. 84, sowie Kaiser (1997), S. 263.

125 H. Lühning: Titus-Vertonungen im 18. Jahrhundert. Laaber 1983, S. 17.

126 In Corneilles »Cinna ou La clémence d'Auguste«, 1640, ist es der Kaiser, dessen Großmut den Gegenspieler beschämt. Metastasio übernimmt, nachdem er die Namen ausgewechselt hat (Augustus ist nun Titus), zahlreiche Anregungen aus Corneilles Werk. In Racines »Bérénice« (1670) geht es um Titus und seine Jugendgeliebte Berenike.

127 Zunächst Solo-Gesangsszenen nach Texten Metastasios, dann das Oratorium La Betulia liberata, dann der Einakter II Sogno di Scipione und 1775 die Serenata II re pastore.

128 Werkverzeichnis 5–9. 1791.

129 H. Lühning: Zur Entstehungsgeschichte von Mozarts »Titus«. In: Die Musikforschung 27, 1974, S. 308. Braunbehrens (1991), S. 409.

130 Angermüller (1995), S. 223.

131 T. Volek in Hilmera (1991), S. 99 f.

132 Ebd., S. 100.

133 Niemetschek (1808), S. 113.

134 Ebd., S. 111 f.

135 Besetzung der Titus-Uraufführung: H. Lühning: Zur Entstehungsgeschichte von Mozarts »Titus«. In: Die Musikforschung 27, S. 303. Maria Marchetti-Fantozzi: Schenk (1990), S. 570.

136 Niemetschek (1808), S. 50.

137 Zitiert nach H.-J. Irmen: Mozart: Mitglied geheimer Gesellschaften. 2. Aufl., Zülpich 1991, S. 166.

138 In diesem Sinn z. B. Strebel (1991), S. 113.

139 Niemetschek (1808), S. 55 f.

140 C. Bär: Mozart. Krankheit – Tod – Begräbnis. Salzburg 1966. Spätere Darstellungen fügen keine wesentlichen neuen Erkenntnisse hinzu.

141 Der Feldmarschall war Charles Joseph Fürst Ligne; dies nach Pleticha (1996), Bd. 8, S. 252.
142 M. Foucault: Wahnsinn und Gesellschaft. Frankfurt/Main 1973, S. 311 f.
143 Dies und das folgende weitgehend nach Bär (wie Anm. 140), S. 51 bis 77 und 116–118.
144 Ebd., S. 13–20 und 68.
145 Herbert Fritsche: Samuel Hahnemann. 7., Aufl. Göttingen 1994, S. 72 f.
146 Nissen (1828), S. 272. Bär (wie Anm. 140), S. 34.
147 Nissen (1828), S. 575.
148 Niemetschek (1808), S. 51, berichtet, daß Mozart in seiner letzten Lebenszeit selbst den Verdacht hatte, vergiftet zu sein. Abgesehen von der unsicheren Überlieferung dieser Erzählung gehört ein solcher Verdacht, sollte Mozart ihn geäußert haben, bei Menschen, die empfindsam genug sind, die Nähe des Todes wahrzunehmen, zu den Vorstellungen, denen sie wiederholt ausgesetzt sein kön-nen.
149 Zitiert nach Landon (1991), S. 212.
150 H. Hesse: Gesammelte Werke. Bd. 12, Frankfurt/Main 1970, S. 278.
151 A. Goes in: Die großen Deutschen. Berlin 1956, S. 290.
152 B. Zeller in: Deutsche Dichter. Stuttgart 1989, S. 496. E. Frenzel: Stoffe der Weltliteratur. Stuttgart 1998, S. 550.
153 W. Kohlschmidt: Geschichte der deutschen Literatur. Bd. 4, Stuttgart 1975, S. 371.
154 Abert (1989/1990), Bd. 2, S. 346.
155 Mörike (1967 ff.), Bd. 12, S. 30.
156 Mörike (1964), S. 75 f.
157 Den fingierten Brief hat ein Prälat Albert Hauber verfaßt. H. Maync hat ihn in der Deutschen Rundschau 1903, S. 116 f., veröffentlicht.
158 Mörike (1964), S. 163.
159 Brief vom 20. 3. 1843 an Hartlaub. Mörike (1967 ff.), Bd. 14, S. 96.
160 21. Mai 1855: Mörike (1945), S. 281.
161 Duodezformat: ca. 12 mal 8 cm. Den Hinweis auf Ulybyšev erhielt Mörike von seinem nächsten Freund und musikalischen Berater Wilhelm Hartlaub.
162 Ulybyšev (1847) Bd. 2, S. 267 f. Diesen Text stellt Mörike der vierten und letzten Folge des Vorabdrucks der Novelle voran (abgelichtet bei Mayer [1985], S. 310).
163 Einfache Zahlen sind Seitenzahlen und verweisen auf Mörike (1997).
164 Diesen Text hat Mörike dem Vorabdruck des ersten Textabschnitts der Novelle vorangestellt (abgelichtet bei Mayer [1985], S. 307);

der Text ist leicht gekürzt gegenüber Ulybyšev (1947), Bd. 2, S. 617.

165 Marmorbild: Mörike (1964), S. 927. Hortus conclusus: Hoheslied 4, 11 f. Vgl. auch Mörikes Gedicht »Auf eine Christblume«: Mörike (1964), S. 119 f. Die Auslegung des hortus conclusus im Sinn der jungfräulichen Mutter ist eine frühe theologische und ikonographische Tradition, die Mörike zweifellos kannte. G. v. Graevenitz: (Eduard Mörike, Tübingen 1978, S. 50 und 258) weist auf das »Duftwunder« in Legenda aurea 2, 26 hin.

166 Mörike (1964), S. 1238 ff. (in dem Aufsatz »Doppelte Seelentätigkeit). Obwohl es dort um okkulte Phänomene geht, ist es nicht verboten, die Worte auch auf allgemeine Erscheinungen anzuwenden.

167 Mörike (1990), S. 256.

168 Mörike (1964), S. 148.

169 J. W. Goethe: Werke. Hamburger Ausgabe, München, 1982, S. 395.

170 Mörike (1964), S. 35, 124 f. und 190.

171 H. Rokyta: Das Schloß in Mörikes Novelle »Mozart auf der Reise nach Prag«. In: Jahrbuch des Wiener Goethe-Vereins 71, 1967, S. 127–153. M. Buquoyová: Gratzener Divertimento. Mozart auf der Reise nach Prag. Südböhmischer Verlag Ruze 1991. Die beiden so entlegenen Schriften sind die Selbstbiographie von W. J. Tomaschek (Tomašek) und/oder die von A.Gyrowetz (Jiroveć).

172 Mörike (1967 ff.), Bd. 4, S. 386.

173 H. Holešovsky: Der Bereich des Schlosses in Mörikes Mozartnovelle. In: The German Quarterly 1973, S. 190. Über die Verlegenheit der Forschung gegenüber Mörikes Beschreibung der Schloßgesellschaft referiert H. Steinmetz: Mozarts Erzählungen. Stuttgart 1969, S. 108. W. Braungart (Eduard Mörike: Mozart auf der Reise nach Prag. In: Interpretationen, Bd. 2, Stuttgart 1997) kommt (S. 199) zu einer der unseren verwandten Deutung.

174 Am Walde: Mörike (1967 ff.), Bd. 3, S. 391.

175 B. v. Wiese: Eduard Mörike. München 1978, S. 288.

176 Peregrina: Mörike (1967 ff.), Bd. 3, S. 362. Vgl. auch R. Immerwahr: Apokalyptische Posaunen. In: V. G. Doerksen (Hg.): Eduard Mörike. Darmstadt 1975, S. 411. Traumgesicht: Mörike (1967 ff.), Bd. 4, S. 341. Vgl. Immerwahr, ebd., S. 414 ff. Herbert Meyer: Eduard Mörike. Stuttgart 1950, S. 96 f.

177 Mörike (1990), S. 94 f. Vgl. R. Pohl: Zur Textgeschichte von Mörikes »Feuerreiter«. In: V. G. Doerksen (Hg.): Eduard Mörike. Darmstadt 1975, S. 334–356.

178 Mörike (1997), S. 82.

179 Mörike (1945), S. 281.

180 Zu dem Gedicht allgemein H. E. Holthusen: Eduard Mörike.

10. Aufl., Reinbek 1997, S. 149, und U. Hötzer: Mörikes heimliche Modernität. Tübingen 1998, S. 43–46. Zum Blitz-Topos A. Langen: Der Wortschatz des deutschen Pietismus. Tübingen. 2. Aufl. 1968, S. 251. Zum carpe diem R. Schneider in: V. Žmegač (Hg.): Geschichte der deutschen Literatur. Bd. 1 und 2, Königstein 1979, S. 245 f.

Literaturverzeichnis

Mozarts Briefe und Aufzeichnungen sowie zeitgenössische Dokumente zu Mozart sind jeweils nur mit dem Datum zitiert. Zugrunde liegen die Ausgaben:

Wolfgang Amadeus Mozart: Briefe und Aufzeichnungen, hg. v. Wilhelm A. Bauer und Otto Erich Deutsch, Kassel 1962–1975, sowie Mozart. Die Dokumente seines Lebens, hg. v. Otto Erich Deutsch, Kassel 1961. Die Texte der Briefe aus Prag wurden verglichen mit den Briefzitaten in Angermüller (1995).

Die Originaltexte aus Mozarts Opern wurden nach folgenden Ausgaben zitiert: Don Giovanni. Reinbek 1986; La clemenza di Tito. Stuttgart 1979; Die Zauberflöte. Reinbek 1982. Die Übersetzungen stammen vom Autor.

Zitate aus Mörikes Novelle »Mozart auf der Reise nach Prag« werden nur mit einfachen Zahlen nachgewiesen, sie verweisen auf die Seiten in Mörike (1997).

Abert, Hermann:. W. A. Mozart. 11. Aufl., Leipzig 1989/1990.
Angermüller, Rudolph: Mozart auf der Reise nach Prag, Dresden, Leipzig und Berlin. Bad Honnef 1995.
Braunbehrens, Volkmar: Mozart in Wien. 7. Aufl., München, Mainz 1991.
Braunbehrens, Volkmar: Mozart. Ein Lebensbild. Neuausgabe München, Mainz 1994.
Csampai, Attila, und Dietmar Holland (Hg.): Wolfgang Amadeus Mozart: Don Giovanni. Reinbek 1981.
Einstein, Alfred: Mozart. Frankfurt/Main 1973.
Hildesheimer, Wolfgang: Mozart. Frankfurt/Main 1980.
Hilmera, Jiři et al.: Mozarts Opern für Prag. Prag 1991.
Kaiser, Joachim: Who's who in Mozarts Meisteropern. München, Zürich 1997.
Knepler, Georg: Wolfgang Amadé Mozart. Annäherungen. Berlin 1991.
Kunze, Stefan: Mozarts Opern. 2. Aufl., Stuttgart 1996.
Landon, H. C. Robbins: 1791. Mozarts letztes Jahr. 2. Aufl., Düsseldorf 1991.
Mayer, Birgit: Eduard Mörikes Prosaerzählungen. Frankfurt/Main 1985.
Mörike (1938) = Freundeslieb' und Treu'. 250 Briefe Eduard Mörikes an Wilhelm Hartlaub, hg. v. Gotthilf Renz. Leipzig 1938.

Mörike (1945) = Eduard Mörike: Unveröffentlichte Briefe, hg. v. Friedrich Seebaß. Stuttgart 1945.
Mörike (1959) = Eduard Mörike: Sämtliche Werke, hg. v. Gerhart Baumann. Bd. 3, Briefe. Stuttgart 1959.
Mörike (1964) = Eduard Mörike: Sämtliche Werke, hg. v. Herbert G. Göpfert. München 1964.
Mörike (1967 ff.) = Eduard Mörike: Werke und Briefe. Historisch-kritische Gesamtausgabe, hg. v. Hans E. Krummacher et al. Stuttgart 1967 ff.
Mörike (1990) = Mörike. Gedenkausstellung 1975. Katalog. 2. Aufl., Marbach 1990.
Mörike (1997) = Eduard Mörike: Mozart auf der Reise nach Prag. [Text der Erstausgabe], hg. v. Joseph Kiermeier-Debre. München 1997. [Mörikes Novelle wird mit einfachen Seitenzahlen nach dieser Ausgabe zitiert.]
Niemetschek, Franz Xaver: Lebensbeschreibung des k. k. Kapellmeisters Wolfgang Amadeus Mozart. Prag 1808. (Reprint, hg. v. Peter Krause, Leipzig 1978).
Nissen, Georg Nikolaus von: Biographie W. A. Mozart's. Leipzig 1828 (Reprint Hildesheim 1984).
Paumgartner, Bernhard: Mozart. München, Mainz 1991.
Perl, Helmut: Der Fall »Zauberflöte«. Darmstadt 2000.
Pleticha, Heinrich (Hg.): Weltgeschichte. Gütersloh 1996.
Reinalter, Helmut (Hg.): Freimaurer und Geheimbünde im 18. Jahrhundert in Mitteleuropa. 4. Aufl., Frankfurt/Main 1993.
Rokyta, Hugo: Prag. 3. Aufl., Prag 1997.
Schenk, Erich: Mozart. 2. Aufl., Mainz, München 1990.
Splitt, Gerhard: Mozarts Musiktheater als Ort der Aufklärung. Freiburg 1998.
Stoffels, Ludwig: Drama und Abschied. Mozart – die Musik der Wiener Jahre. Zürich, Mainz 1998.
Strebel, Harald: Der Freimaurer Wolfgang Amadé Mozart. Stäfa 1991.
Ulybyšev, Aleksandr Dmitrievič (Alexander Oulibischeff): Mozart's Leben, hg. v. A. Schraishuon. 3 Bde., Stuttgart 1847.

Personenregister

Bildnachweis

Museum der Stadt Prag 8
Staatliche Museen zu Berlin – Preußischer Kulturbesitz, Nationalgalerie 39
Pavel Řezáč, Prag 38, 53, 55
Fotothek des Staatlichen Instituts für Denkmalpflege, Prag 44
Stiftung Preußischer Kulturbesitz, Berlin 93, 102
Kupferstichkabinett, Berlin 48, 105
Narodny Museum, Prag 61
Míta Dostál, Prag 68
Freimaurermuseum Schloß Rosenau 79
Oldřich Pernica, Prag 81, 83
Historisches Museum der Stadt Wien 104
Kunstsammlungen auf der Veste, Coburg 117, 127
Deutsches Literaturarchiv, Marbach 139
Städtisches Museum, Ludwigsburg 151

Leider waren nicht alle Rechtsinhaber zu ermitteln. Berechtigte Ansprüche bitten wir dem Verlag mitzuteilen.